Petra Lux

Die Zeit
der Schmetterlinge

Eine unendliche Biografie

Für Edith und Struktur in deinem Leben,

Petra Lux

Vega e. K.
2005

Anstatt eines Vorwortes...

Als ich mit dem Schreiben begann, arbeitete ich zunächst parallel an zwei Texten. Der erste Teil „Russland damals" spielt im 18. Jahrhundert und erzählt das Leben, Lieben und Sterben der russischen Fürstin Anna Trubetzkaja. Der zweite Teil „Deutschland heute" ist eine akribische Recherche, welche beschreibt, wie ich nach und nach das Puzzle zusammensetze und Informationen über das Leben dieser Fürstin zusammentrage. Meine Informationsquellen sind gewöhnliche: alte Chroniken und Bücher, Stammbaumtabellen, historische Romane und Sachbücher, Forschung in Archiven und Reisen nach Russland. Und meine Informationsquellen sind eher ungewöhnlich: Trancen, Träume, Zufälle, Orakel, Psychokinesiologie, Familienstellen, Pendeln, Intuition. Die dritte Ebene, der Kitt, der beide Texte verbindet: Mein Interesse an dieser Fürstin ist ein rein persönliches. Reinkarnation? Seelenverwandtschaft? Wie durch ein Kaleidoskop blicke ich aus dem Heute auf das 18. Jahrhundert. Entdecke Zusammenhänge. Die roten Fäden von damals sind auch die roten Fäden von heute. Welchen Faden nehme ich auf, verfolge ich weiter? Welchen Faden trenne ich durch? Bin ich lernfähig oder bin ich verdammt, alte Muster zu wiederholen? Entstanden ist ein Buch, welches sich nicht in herkömmliche Kategorien einordnen lässt. Ist es eine Art Krimi? Eine historische Biographie? Eine journalistische Recherche? Ein Sinn-Suche-Buch? Keine Ahnung. Am ehesten ist es wohl eine „unendliche Geschichte", die ewig weitergeht.

Lektorat: Alexander Markow
Umschlaggestaltung: Dominik Ananda Haf
Ikone: russisch, um 1750, gemalt v. Christiane Mehlhorn
Foto: Petra Lux, Holger Ahrens
Druck: „Standartu spaustuve"

ISBN 3-9808919-8-4

Magie ist ein Kinderspiel.
Was ich brauche, kann ich rufen.
Was ich rufe, kommt.
Ich flüstere: Pegasus... Pegasus... Pegasus...
Schon ist er da. Sein rechtes Auge dicht und unmittelbar
vor meinem linken.
Ich muss blinzeln und trete ein wenig zurück.
Ein dunkles, samtbraunes Pferd,
das noch ein wenig dampft,
wie nach einem kurzen heftigen Galopp.
Kein weißes Strahlen, kein Flügelschwirren durch die Lüfte.
Auch Pegasus tritt zurück.
Ich kann seine Augen sehn.
Wunderschön.
Groß und braun.
Tief und klar.
Wissend und verstehend.
Ich werde dir helfen das Buch zu schreiben, sagen seine Augen.
Seltsam, Pegasus, die Muse der Dichtkunst, der Poesie, der Worte,
braucht keine Worte.
Wir sprechen mit unseren Augen.
Also, was soll ich tun? fragen meine Augen.
Bring mir Heu! antworten die seinen.
Ich tue, was Pegasus verlangt, und kaum ist das Heu gebracht,
liegt sein glänzender Körper
genüsslich hingestreckt
auf der weichen Unterlage.
Ich werde jetzt schlafen und du wirst mir täglich frisches Heu bringen,
befiehlt sein Blick.
Das ist es, was ich für dich tun werde.
Schlafen im täglich frischen Heu.
Aber das Buch? flehen meine Augen.
Wie willst du mir helfen, wenn du schläfst?
Es heißt, du diktierst Wort für Wort,
Kapitel für Kapitel,
bis zur letzten Seite?
Bis zum Wort ENDE.
Das Ende? Pegasus zwinkert mir zu.
Es gibt kein Ende. Das solltest du doch wissen.
Und wenn sie nicht gestorben sind, dann leben sie noch heute...

Glaubt den Märchen nicht.

Sie waren wahr.

(Stanislaw Jerzy Lec)

MAISON DES TROUBETZKOÏ

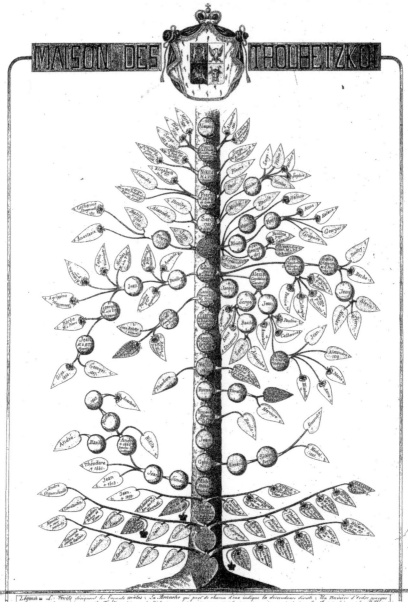

Eins – zwei – drei – vier Eckstein

alles muss versteckt sein
hinter mir
vor mir
neben mir
ich koooooooooooomme!

Anna hatte sich gut versteckt, hier würde sie keiner so schnell finden. Hoch türmte sich der Bretterhaufen, links neben dem Pferdestall. Modriges Holz, zu feucht, um als Brennholz zu dienen. Hier war sie hineingekrochen. Trotz aller Vorsicht hatten die Holzsplitter Annas Arme und Beine ein wenig zerkratzt. Achtlos begann sie, Spucke auf die brennenden Stellen zu tupfen. Denn ihre ganze Aufmerksamkeit war draußen, bei den anderen. Oh wie fühlte sie sich groß und mächtig, ihre Augen funkelten vor Triumph. Welch gutes Versteck!
Sie konnte sehen, wie einer nach dem anderen gefunden wurde. Wie einfältig – sich hinter dem Holunderbusch zu verstecken, oder hinter der Stalltür, oder unter den Zweigen der Trauerweide. Nur Olga fehlte noch. „Gefunden! Gefunden! Wir haben dich! Kannst rauskommen!" Anna konnte sehen, wie Olga nach oben kam. Sie hatte sich in dem kleinen Verschlag auf der unteren Treppe, die zum Weinkeller führte, verborgen. Spinnweben hingen an ihrem Kleid. Ein Niesen hatte sie verraten. „Jetzt fehlt nur noch Anna." Die Kinder schwärmten aus. Ihre Schritte entfernten sich. Ihre Stimmen wurden leiser.
Erst als die Dämmerung hereinbrach und sie sicher sein konnte, dass die anderen Kinder nicht mehr da waren, kroch Anna aus ihrem Versteck. Wie viele Stunden sie dort gehockt hatte, sie wusste es nicht. Das Siegesgefühl, der Triumph hatte sich in Schmach verwandelt. Nur langsam, stückchenweise, war im Laufe der letzten Stunden die Erkenntnis in ihr Herz gesunken:

Die anderen Kinder hatten sie vergessen, einfach vergessen, hatten die Suche nach ihr aufgegeben. Ihr Versteck war gut. Zu gut!

Sie konnte das Lachen und den Spott hören – wenn sie jetzt herauskäme...

„Na, Anna, war bestimmt schön in deinem Schimmelhaus! So bequem und weich und wohlriechend..."

Ein Gemisch aus Zorn und Scham trieb ihr Tränen in die Augen. Sie wollte schreien, stampfen, toben, doch sie stand still. Wie versteinert. Den Mund fest zusammengepresst.

So konnte sie nicht ins Haus. Man würde sie fragen, wo sie gewesen sei, und – man würde über sie lachen.

Sascha, der Stallknecht, lehnte am großen zweiflügligen Tor des Pferdestalles. Über dem Tor, kunstvoll in Stein gehauen, das Wappen der Trubetzkois – ein gevierter Schild: zwei Greifen, die gemeinsam eine Fürstenkrone in die Höhe halten, ein Adler, ein Pferd mit einem geharnischten schwertschwingenden Reiter und ein Büffelkopf. Bald würde Maria Antonowna, das Kindermädchen, auf der breiten marmornen Freitreppe des Trubetzkoischen Palais erscheinen, sie würde über den mit bunten Fliesen gepflasterten Hof laufen, und sie würde mit ihrer warmen, immer ein wenig zu leisen Stimme nach Anna rufen, würde sie suchen, im Park, in den Kellern, bei den Treibhäusern, den Taubenschlägen oder den Ställen. Doch bis dahin war noch etwas Zeit.

Sascha hatte das Treiben der Kinder beobachtet. Mitgefühl erfüllte sein Herz.

„Anna", rief er leise, „Anna, komm her. Ich weiß ein Geheimnis, über Fedja!"

Anna liebte Pferde, und der kleine, graubraune Fedja gehörte ihr. Ein Geschenk des Fürsten Nikita Jurjewitsch Trubetzkoi an seine Tochter Anna. Fedja schnaubte erfreut und wackelte mit den Ohren, als Anna und Sascha nahten.

„Komm, setz dich zu mir aufs Stroh und höre genau zu, was ich dir sagen werde. Dein Fedja ist ein Zauberpferd, ein Märchenpferd. Wenn du in Not bist und Hilfe brauchst oder traurig bist, dann schließe fest deine Augen und rufe dreimal:

Siwka-Burka[1],
wissende Kaurka[2],
herbei geschwind,
wie ein Blatt vorm Wind.[3]

Und Fedja wird kommen. Du musst in sein rechtes Ohr schlüpfen und zum linken wieder heraus. Und schon wirst du dich besser fühlen."
Anna kniff ihre Augen fest zusammen. Dreimal murmelte sie den Zauberspruch. Und wirklich – beim drittenmal stand Fedja vor ihr. Anders als sonst. Viel größer und prächtiger. Sie machte sich ganz klein, stieg zum rechten Ohr hinein, balancierte auf einem hellen Lichtstrahl zur anderen Seite und sprang zum linken Ohr wieder heraus.
Als Anna ihre Augen wieder öffnete, war ihr leichter. Sie sah an sich herab und musste anfangen zu lachen, sie konnte sich gar nicht mehr beruhigen. Die Kratzer, die Schmutzflecken, der modrige Geruch ihres Kleides, der knurrende Magen…
„Und es war trotzdem ein gutes Versteck. Ein bisschen zu gut vielleicht…"

Gekommen über Nacht.
Ein großer, hässlicher roter Fleck – mitten auf meiner Stirn.
Als hätte mir ein böser Geist sein Mal auf die Stirn gedrückt, auf dass ich gezeichnet und stigmatisiert sei, für immer und ewig. Keine Salbe, keine Tinktur, kein Kraut war dagegen gewachsen. Die Ärzte waren ratlos.
Ich verließ nur noch mit einer dicken Make-up-Schicht das Haus.
So vergingen mehr als zwei Jahre.
Im dritten Jahr entschloss ich mich, es bei einer Heilpraktikerin zu versuchen. Eine Freundin hatte mir Bianca empfohlen. Nach einigen Sitzungen kam Bewegung in das rote Mal. Es verblasste, kam wieder, verblasste, kam wieder...

---

[1] Zauberpferd
[2] Graubrauner
[3] „Russische Volksmärchen", erzählt von A. N. Tolstoi, Verlag Kultur und Fortschritt, Berlin, 1951

Bis zu dem Tag, an dem Bianca zu mir sagte: „Vielleicht liegt die Ursache ja in einem vergangenen Leben. Wenn du möchtest, können wir versuchen das herauszufinden."

Ich nickte, streckte meinen rechten Arm aus[4] und schloss die Augen...

Ja, die Ursache liegt in einem vergangenen Leben. Ich habe damals im 18. Jahrhundert gelebt. In Russland und da vor allem im heutigen Lettland. Ich war damals eine Frau. Eine russische Fürstin.

Mit sieben Jahren hatte ich einen Unfall mit einem Pferd.

Mein linkes Bein blieb danach steif.

Ich war verheiratet. Mein Mann demütigte mich und sperrte mich ein.

Ich hatte zwei Kinder. Zwillinge.

Ich soll eine russische Fürstin gewesen sein? Ich? Genau das ist einge-treten, worüber ich mich sonst immer lustig gemacht habe, wenn das Gespräch auf Reinkarnation[5] kam: Alle waren sie Könige, Pharaonen, große Heiler, begnadete Künstler - und keiner war Marktfrau oder einfacher Bauersmann.

Doch Bianca konnte ja nicht wissen, dass das, was wir mit dem Armtest herausgefunden hatten, sehr viel mit meinem jetzigen Leben zu tun hat:

Russland – Lettland – das steife linke Bein… Russland – Lettland – das steife linke Bein…

Seit ich denken kann, liebe ich alles Russische. Die Sprache, die Musik, die Märchen und natürlich die Literatur. Dostojewski, Tolstoi und Turgen-jew, Tschechow, Schukschin und Sostschenko - sie haben mich geprägt. Auch die Filme. „Kalina Krasnaja" von Schukschin sah ich über zwanzig-mal, oder „Abschied von Matjora", „Leuchte mein Stern, leuchte" und „Setzlinge". Filme, bei denen mir das Herz aufgeht und die heute nur noch selten gezeigt werden. Die Plakate sind mir geblieben. Sie hängen in meinem Zimmer.

---

[4] Der Muskel-Armtest, das große Mittel der Psychokinesiologie – siehe An-hang

[5] Lehre von der Wiedergeburt

Seit vielen Jahren habe ich ein Haus am Meer, in Litauen. Es ist „das letzte Haus" von Litauen, direkt an der lettischen Grenze. Der nächste Nachbar ist ein alter lettischer Fischer. Jeden Sommer verbringe ich dort, und wenn ich aus dem Fenster blicke, sehe ich auf Lettland.

Mit Russenfeindlichkeit habe ich ein echtes Problem. Es ist, als würde der Hass mir gelten. Auch meine Mutter ist auf die Russen schlecht zu sprechen, doch sie hat „gute" Gründe dafür. Sie kommt aus Schlesien, aus dem kleinen Dorf Posnitz. Die Russen hatten bei ihrem Durchzug Minen gelegt, und eine der Minen traf meine Mutter und verletzte sie lebensgefährlich, während sie in der Bäckerei auf Brot wartete. Sie war fünfzehn. Ihr linkes Bein ist für immer steif geblieben. Ich bin ihr einziges Kind und während der ganzen Schwangerschaft hatte sie schreckliche Angst. Ihre erste Frage an die Ärzte nach meiner Geburt: „Was ist mit den Beinen? Sind die Beine normal?"

Und Michael, eine meiner großen Lieben, hat seit seiner frühesten Jugend einen Lymphstau – im linken Bein! Es ist dick angeschwollen, schmerzt und lässt sich kaum bewegen. Die Ärzte rieten schon mehrmals, das Bein abnehmen zu lassen. Zweimal habe ich mit ihm Urlaub gemacht, beide Reisen führten uns in die große Sowjetunion, eine davon nach Riga. Unser Hotel war ein ehemaliger Fürstenpalast.

Und ich? Ich verlasse den Journalismus. Arbeite als TaiChi- und QiGong[6]-Lehrerin. Es wird mein täglich Brot: Lernen und lehren, was es heißt, sicher, stabil und gut geerdet zu stehen, beide Füße fest mit dem Boden zu verwurzeln, leicht und mühelos zu gehen.

Ziemlich geschafft – mit verheulten brennenden Augen – verlasse ich Biancas Praxis und fahre in die „Gohliser Wirtschaft", meine Stammkneipe. Ich bestelle Schnitzel, Blumenkohl, Kartoffeln und ein extra Kännchen braune Butter.

Das Schnitzel ist wunderbar, von Hand paniert, die Butter ist auch wirklich braun und nicht nur zerlassen, und mit jedem Bissen, den ich mir in den Mund schiebe, freunde ich mich mehr und mehr mit dem Gedanken an: eine Fürstin also, eine russische Fürstin, die auch in Lettland gelebt hat, warum nicht…

---

[6] Traditionelle chinesische Kampfkunst mit Schwerpunkt auf der inneren Energiearbeit

Nur einen Zweifel nehme ich mit nach Hause. Hat Lettland im 18. Jahrhundert wirklich zu Russland gehört? Dunkel erinnere ich mich, dass dieses Gebiet damals schwedisch war. Bianca hatte nur die Schultern gezuckt: „Keine Ahnung, dein Arm hat stark getestet. Mehr kann ich dazu nicht sagen."

Zu Hause angekommen, treffe ich meinen Sohn. Er lernt gerade für seine Abitur-Geschichtsprüfung. Ich erzähle ihm alles. „Na ja, Mutter, da weißte ja nun, warum du in einer 160 Quadratmeterwohnung mit Stuck und Parkett und Ballsaal wohnst."

Gemeinsam sehen wir im historischen Weltatlas nach: 1721 entriss Peter der Erste den Schweden Estland und Livland und erwarb den alten Hafen von Riga.

So ist also auch das geklärt. Lettland gehörte seit 1721 zu Russland und es hieß damals Livland.

Der deutsche Adel, der in Livland ansässig war, nannte es „Blievland" – das Land, in dem jeder bleibt, der es einmal betreten hat.

Ich schlief unruhig in dieser Nacht, und als ich am nächsten Morgen in den Spiegel schaute, traute ich meinen Augen kaum: Der rote Fleck auf meiner Stirn war wie von Zauberhand spurlos verschwunden, und ich war mir absolut sicher, dass er nie wieder auftauchen würde.

In diesem Moment schwor ich mir diese Fürstin zu finden, in der meine Seele vielleicht einstmals gelebt hat.

Die Journalistin in mir war wieder erwacht und voller Neugierde stürzte ich mich in ein Abenteuer, dessen Ausgang völlig ungewiss war. Aber ich sagte mir: „Auch wenn du diese Frau, diese Fürstin, in der Geschichte nicht findest, dann hast du wenigstens was gelernt über Russlands Adel im 18. Jahrhundert.

Fürst Trubetzkoi saß in seiner Bibliothek. An den Wänden, die mit vergoldetem Leder bespannt waren, hingen in fein geschnitzten, matt glänzenden Ebenholzrahmen die Porträts seiner Vorfahren. Sein Rücken schmerzte ein wenig, doch er hielt sich gerade. Ja, er hatte seinen Weg gemacht. War rasch aufgestiegen. Hatte nun schon vier Zaren gedient: Peter dem Großen, Katharina der Ersten, Peter dem Zweiten und nun Anna Ioanowna. Obwohl keiner ihn bei seiner Arbeit in der Bibliothek sehen konnte, war er doch gekleidet wie zu einem Empfang. Die weiße Perücke saß millimetergenau auf seinem geschorenen Kopf, die Brokatschärpe über seinem dunkelroten Samtrock war ordentlich geknüpft, das Gesicht sorgfältig gepudert.

Erst gestern war er aus Riga zurückgekehrt und seine Rückenschmerzen mochten der langen Kutschfahrt geschuldet sein. Livland... Die Kinder des Landadels gingen barfuss und trugen Lumpen über ihren kleinen dünnen Körpern. Die livländische Bauernschaft – eine einzige träge, dumpfe Masse. Und nun der Ärger wegen dieser merkwürdigen Priester, die sich Herrnhuter nannten und das Volk aufklären wollten. Sie waren eine Gefahr und sorgten für ständige Unruhe.

Er stand sich gut mit Graf Peter de Lacy, dem General-Gouverneur Livlands, und mit Magister Heinrich Bruiningk, der die Leitung des livländischen Kirchenwesens in Riga übernommen hatte. Sie hatten zusammengesessen bis spät in die Nacht. Irgendwann war ihnen der Gesprächsstoff ausgegangen und Melancholie hatte die drei erfasst. In das seltsame Schweigen hinein kündigte Fürst Trubetzkoi seine Abreise zum nächsten Morgen an. Wichtige Angelegenheiten von Staatsinteresse riefen ihn zurück nach Petersburg.

Er wusste, dass sein Sohn Nikita im Sterben lag – doch keiner der anwesenden Herren hätte eine vorzeitige Rückreise aus solch einem Grunde gebilligt. Sentimental und schwach hätten sie ihn genannt und sie hätten in diesem Falle Recht damit gehabt.

Doch als er gestern ankam, war alles schon vorbei. Der Herrgott gibt. Der Herrgott nimmt.

Fürst Nikita Jurjewitsch Trubetzkoi ließ die Feder sinken und blickte nach draußen. Die Moika floss träge vorbei. Dunkler Himmel kündigte neuen Schneefall an.

Die Frau des Fürsten Trubetzkoi, Fürstin Anna Danilowna, war eine Schönheit. Ihre dunklen Augen standen ein wenig hervor und verliehen ihrem Gesicht den Ausdruck leiser Traurigkeit.

Doch wenn sie ihre Lider nur ein wenig senkte, war die Traurigkeit verborgen und Sinnlichkeit trat in ihre Züge. Sie wusste um ihre Wirkung auf die Männer.

Welch schweres Jahr. Sie spürte die Bewegungen des noch Ungeborenen in ihrem Bauch.

Ach Nikita... Unter dem Gesang und Gemurmel der Priester hatte er am Vormittag das Krankensakrament empfangen. Wie er vergeblich um sein Leben kämpfte, wie er keuchte und seine kleinen Fäuste ballte... Und sie stand dabei und konnte nichts für ihn tun.

Anna Danilowna seufzte tief und strich sich die Kleider glatt. Gleich würden ihre Kinder eintreten, sie hatte nach ihnen befohlen.

Aufgereiht standen sie vor ihr. Sie hatten sich bei den Händen gefasst und für einen Moment bestand der ganze Raum nur aus einem kaum hörbaren Geräusch – aus diesem kleinen tapferen Schlucken ihrer Kehlen, das die Tränen zurückhielt.

„Ich habe mit euch zu reden. Bleibt während der Beerdigung hinter mir und eurem Vater. Haltet die Köpfe gesenkt. Tuschelt nicht. Lacht nicht. Weint nicht. Nehmt eure Hände vor der Brust zusammen. Und dann bekreuzigt euch. So!" Sie machte es vor. „Und am Ende – tut es mir einfach nach. Nehmt ein Häufchen Erde und werft es auf den Sarg eures Bruders. Und nun geht. Lasst mich allein!"

Im ganzen Palais roch es seit Tagen schon nach Weihrauch. Wie in der Kirche. Noch war Zeit bis zur Totenmesse und Anna ging in ihr Zimmer. Auch sie wollte allein sein.

Der kleine Nikita... Sascha hatte gesagt, dass seine Seele zu einem Schmetterling würde. Aber es war doch Winter. Der Schmetterling würde erfrieren.

Sie presste ihre Nase an die frostige Scheibe. Sicher würde sie auch bald sterben und ein Schmetterling sein. Doch sie nahm sich ganz fest vor, noch bis zum Sommer damit zu warten.

Fürst Nikita Jurjewitsch Trubetzkoi
1699 - 1767

Wann immer ich konnte, fuhr ich in die Deutsche Bücherei. Dort war ich das letzte Mal als Studentin. Damals dachte ich noch nach vorn, alles war möglich. Jetzt dachte ich zurück. Und wieder war alles möglich.

Vor mir stapelten sich alte livländische Chroniken und Jahrbücher, Abhandlungen zur Geschichte der russischen Ostseeprovinzen, zum baltischen und russischen Adel und Biografien der damaligen Herrscher: Peter der Erste, Katharina die Erste, Peter der Zweite, Anna Ioanowna, Zarin Elisabeth und Katharina die Zweite.

Ich blätterte ziellos in den alten Büchern. Doch wo anfangen? Was war wichtig? Ich wusste nur, dass ich nach einer russischen Fürstin suchte, die auch in Livland gelebt hat. Doch die fand ich nicht. Wo hatte sie sich versteckt?

Der Bücherstapel vor mir schmilzt dahin. Hupels „Adelsgeschichte", eine alte livländische Chronik, ist das letzte für heute. Die alte deutsche Schrift ist klein und manche Stellen sind verschwommen und verzerrt. Das Buch riecht modrig. Diese umständliche, gestelzte Sprache! Fakten, Fakten, Fakten! Keine Menschen, keine Gefühle! Ich bin genervt, hinter meinen Augen breitet sich ein leichter dumpfer Schmerz aus und ich beginne innerlich aufzugeben. Das merke ich daran, dass mein Bedürfnis nach Kaffeetrinken in der Kantine übermächtig wird, obwohl ich erst vor einer halben Stunde genau das getan habe.

Plötzlich bin ich hellwach und beginne, mir Notizen zu machen: 1747 wurde erstmalig für Livland eine Adelsmatrikel erstellt. Und jeder Adlige, der in diese Matrikel aufgenommen wurde, musste seine Herkunft, seinen Stammbaum und seine Geschichte nachweisen. Die Matrikel zählte 172 Adlige, meist Deutsche. Es wimmelte von Baronen und Grafen, doch unter ihnen gab es nur einen einzigen Fürsten, einen Russen.

Sein Name: Fürst Nikita Jurjewitsch Trubetzkoi.

Erst nach 1747 wurden auch noch andere russische Fürsten in die livländische Adelsmatrikel aufgenommen:

1759 Fürst Dolgoruki, 1769 Fürst Waesemsky, 1772 Fürst Galitzin, 1797 Fürst Besborodko und 1797 Fürst Kurakin.

Ich murmele die Namen dieser russischen Fürsten vor mich hin. Wieder und wieder. Nur bei einem Namen, bei diesem Trubetzkoi, spüre ich Resonanz im Herzen, so ein kleines merkwürdiges Ziehen.

Einige Seiten weiter finde ich Folgendes:

„Wesselshof mit Paulenhof werden, nachdem sie dem Fürsten Trubetzkoi verliehen und von diesem seiner Tochter Anna Naryschkin vererbt worden, im Jahre 1761 dem Assessor von Bruiningk verkauft, ebenso Ronneburg-Neuhof an den Baron C. A. v. Wolff."

Fürst Trubetzkoi hatte also eine Tochter, und die besaß Güter in Livland…
War das eine Spur?
Meinem Herzklopfen nach zu schließen – ja.
Aber vielleicht bildete ich mir das alles auch nur ein.

Im Mai hatte ich meinen nächsten Termin bei Bianca.
Ich verschwieg ihr meinen heimlichen Favoriten, den Fürsten Nikita Jurjewitsch Trubetzkoi, und gab ihr ein Blatt Papier, auf das ich zehn Fürstennamen geschrieben hatte (die oben genannten und noch vier beliebige, ausgedachte).
Stumm sollte sie in beliebiger Reihenfolge testen, ob einer davon zu der Fürstin gehörte, nach der ich suchte.
Neunmal testete mein Arm schwach.
Einmal blieb er stark.
Welchen Namen würde sie nennen?

„Fürst Trubetzkoi!"

Ich hatte es geahnt, gefühlt, gehofft. Und trotzdem war ich überrascht.
Dieser Armtest ist wirklich der blanke Wahnsinn.
Er funktioniert wie ein Lügendetektor. Sage ich, oder der Therapeut, die Wahrheit (Denken reicht auch), dann schießt Muskelkraft in meinen Arm und er lässt sich nur mit Gewalt herunterdrücken. Er testet „stark".
Lüge ich, so verliert der Arm augenblicklich seine Stärke und schon der geringste Druck lässt ihn kraftlos nach unten sinken. Er testet „schwach".
Ich hatte Bianca darum gebeten, ihre Fragen nicht laut zu stellen, sondern stumm zu testen, damit mein Verstand keinerlei Chance hat, einzugreifen oder zu manipulieren.
Bianca hatte von all meinen Recherchen und Nachforschungen ja keine

Ahnung. Für sie war ein Fürstenname wie der andere, sie konnte das Testergebnis also nicht willentlich beeinflussen.

„Und? Ist seine Tochter Anna Naryschkin, der er eines seiner Güter in Livland vererbt hat, die Fürstin, nach der ich suche, die ich einstmals war?

Testergebnis: Starker Arm.

Ich hatte so ein Gefühl wie ein Fußballfreak, wenn seine geliebte Mannschaft gewinnt: Aufspringen wollen, Bäume ausreißen wollen, Arme hochreißen wollen und brüllen: Sieg! Sieg! Sieg! Trampeln. Singen. Die Nachbarn umarmen...

Anna... Welch ein vertrauter Name. Ich hatte meine Tochter so genannt, als sie 1978 geboren wurde.

Bianca testete weiter:

Anna Naryschkin wurde 1737 geboren.
Sie starb 1792.
1760 ging sie nach Livland.
Sie lebte dort bis 1790.

Ich holte eine zweite Liste hervor. In weiser Voraussicht hatte ich alle Güter, die Fürst Trubetzkoi in Livland besessen hat, aufgeschrieben:

Sellgowski
Lauenkaln
Romeskaln
Wesselshof mit Paulenhof
Ronneburg-Neuhof
Friedrichshof

Vielleicht hatte Anna Naryschkin ja auf einem dieser Güter gelebt?

Bei Romeskaln blieb mein Arm so stark, dass sich jemand hätte dranhängen können.

Seltsam, ich wusste aus der Recherche, dass Fürst Trubetzkoi 1744 Romeskaln für seine Verdienste erhalten hatte, und dass er es bereits ein Jahr später, 1745, wieder verkauft hat, an den Obristen von Sternstrahl. Aber Anna ging erst 1760 nach Livland, das hatten wir zumindest mit dem Armtest herausgefunden. Egal – bei diesem Ort testete der Arm stark und ich nahm es erst mal so hin. Vielleicht würde sich ja dieser Widerspruch noch klären. Welch ein Tag!

Eigentlich müsste ich jetzt losgehen und mir in der „Gohliser Wirtschaft" das teuerste Gericht bestellen: Seezunge mit Kartoffeln für 33,40 DM. Aber ich unterdrückte diese teure Anwandlung, denn da war noch etwas, was ich Bianca gern erzählen wollte: Es hatte mich total erwischt und das Wochenende mit Joël saß als köstliches wehes Ziehen in meinem Bauch. Wer es kennt, weiß, wovon ich rede…
Vor genau einem Jahr war ich ihm bei einem Kampfkunst-Seminar zum ersten Mal begegnet:

Als ich die alte Turnhalle betrat, sah ich seine Gestalt. Groß. Ergrautes, langes Haar. Weißer Kampfanzug. Er stand in der hintersten Ecke, umringt von einer Gruppe jugendlicher Karatekämpfer. Er sah zur Tür, sah zu mir, und sein Gesicht schien nur aus Augen zu bestehen. Gütige Augen. Voller Liebe. Wir sahen uns an. Lange. Mehr brauchte es nicht.
Dieses Wochenende mit ihm hatte in mir nachgeklungen – ein ganzes Jahr lang.
Manchmal telefonierten wir. Oft träumte ich von ihm.
Und nun war ich ihm also wiederbegegnet.
Er war eher gekommen und der Abend vor seinem Seminar gehörte uns. Wir wollten es beide.
Bevor er ging, sagte er mir, was wir beide schon wussten.
Zum Abschied gab ich ihm ein Video mit: „Kalina Krasnaja".
Unsere Umarmung vor seiner Abfahrt schien ewig zu dauern.
Wir vergaßen die Blicke der Umstehenden.
Wir wussten, das muss jetzt wieder für ein Jahr reichen.
Als er ins Auto stieg, um zurückzufahren zu seiner Frau, die gerade ihr zweites Kind erwartete, löste sich meine innere Anspannung und ich ließ den Tränen freien Lauf.

Bianca hatte aufmerksam zugehört.

„Möchtest du wissen, ob du ihn aus einem anderen Leben kennst?"
Mich überraschte ihre Frage, wusste ich doch, dass Bianca äußerst verantwortungsvoll mit der Kinesiologie umging, dass sie es ablehnte, aus Neugier Fragen zu stellen. Nur, wenn es für die Heilung eines Menschen wichtig war und wenn es keine Einmischung in das Leben anderer bedeutete, war sie bereit mit dem Armtest zu arbeiten. Sie wiederholte ihre Frage. Und ob ich wollte!

Ja, ich kenne ihn aus diesem Leben im 18. Jahrhundert.
Er hat damals für mich eine große Rolle gespielt.
Er war ein Mann.
Er war nicht mein Vater.
Er war nicht mein Ehemann.
„Was könnte er denn noch gewesen sein?", fragte Bianca.
Und ohne Zögern kam meine Antwort: „Er war ein Priester."
Sie testete und der Arm sagte „ja".
Er war russisch-orthodoxer Priester.
Er war mein Geliebter.
Und er war der Vater meiner Zwillinge.

Inzwischen ist es Ende Juni.
Ich sehne mich nach meinem Haus in Litauen, nach der Stille, der Weite, dem Meer, den Weiden und Kiefern, den funkelnden Bernsteinstückchen am Strand, nach meinen eigenen Kartoffeln und dem neu gepflanzten Rosenstrauch. Würde er blühen?
Und ich wollte diesmal unbedingt nach Lettland, wollte zu diesem Ort, an dem Anna Naryschkin gelebt hat, ich wollte nach Romeskaln. Doch wo lag Romeskaln?

Die aktuellen Karten des Baltikums, die ich besaß, gaben nicht viel her.
Was ich brauchte, war eine alte Karte, mit den alten Namen.
Dann könnte ich das Gebiet einkreisen und mit den heutigen Ortsnamen vergleichen.
Ich suchte im Internet, ich schrieb meiner litauischen Freundin Elena, sie solle in der Bibliothek in Kaunas nach alten Karten suchen.

Nichts.

Erst kurz vor meiner Abreise, Anfang Juli, wurde ich fündig.

Ludwig August Graf Mellin (1754 – 1835) hatte einen „Atlas von Livland" als sein Lebenswerk hinterlassen. Und der Nachdruck von 1972 befand sich in der Deutschen Bücherei, in einer gesonderten Abteilung.

Schon einmal war ich in dieser Abteilung gewesen, doch die Bibliothekarin hatte mir keinerlei Hoffnung gemacht.

Diesmal legte ich den richtigen Bestellschein auf die Theke.

„Sie müssen draußen warten."

Die Bibliothekarin verschwand die Stufen nach oben, und als sie wiederkam, trug sie auf ihren Armen ein großes Buch, etwa einen Meter lang und einen halben Meter breit.

Sie öffnete die Tür zu ihrem „Heiligtum", legte das Buch auf den großen, breiten Tisch, und aufgeregt begann ich zu blättern, Seite um Seite.

Zuerst fand ich Ronneburg, gleich daneben Neuhof, ich fand Sellgowski, Lauenkaln, Paulenhof, Friedrichshof und Wesselshof. Romeskaln war nicht dabei.

Ich ließ mehrere Kopien anfertigen. Erst zu Hause, in aller Ruhe, mit der Lupe in der Hand, fand ich auch Romeskaln. Nahe der heutigen russischen Grenze. Der nächst größere Ort war Marienburg (heute Aluksne) mit dem großen Aluksne-See.

Ob es Romeskaln auch heute noch gibt, ließ sich nicht rausfinden. Über dreihundert Jahre meist blutiger Geschichte waren darüber vergangen.

Aber ich würde hinfahren, egal, was mich dort erwartete.

Der Sommer war gekommen, und mit ihm ungewöhnlich viele Schmetterlinge.

Anna dachte nur noch selten an den Tod.

Am Ufer der Newa hatten Zigeuner ihre Zelte aufgeschlagen.

Anna beneidete die Kinder der Dienerschaft, mit denen sie zweimal in der Woche spielen durfte. So hatte es ihr Vater festgelegt.

Diese waren viel freier als sie, hatten kein Kindermädchen, das auf sie aufpassen musste, und sie konnten, wann immer sie wollten, zu dem bunten Volk laufen.

Anna bettelte und flehte und endlich hatte Maria Antonowna,

ihr Kindermädchen, beim Fürsten die Erlaubnis bewirkt. „Spaziergänge sollen der Bildung und Erziehung dienen. Mag sie das Elend sehen und den Schmutz und die Rohheit. Doch haltet gebührenden Abstand!"

Anna blickte fasziniert auf das bunte, laute Treiben. Nein, sie sah nicht das Elend, den Schmutz und die Rohheit. Sie sah funkelnde Ketten, glitzernde Gewänder, rassige Pferde, Frauen, deren schwarzes Haar bis zu den Kniekehlen reichte, sie sah eine alte, zahnlose Zigeunerin, die den Vorbeikommenden aus der Hand las. Ein finster aussehender Mann hatte gerade den letzten Tropfen Wodka aus seinem Becher geleert. Genüsslich wischte er mit dem Handrücken über seinen Mund und begann, einen wilden Rhythmus zu klatschen. Die anderen fielen ein und mit einem Mal tanzten sie alle, die Kinder, die Männer, die Frauen, selbst die zahnlose Alte wippte mit ihren Fußspitzen im Takt des Tanzes. Zum Klatschen und Tanzen kam Gesang, laute und leise Stimmen, hohe und tiefe. Sie alle bewegten sich wie im Rausch und Anna schien es, als gelte diese Vorführung allein ihr.

So schnell, wie alles angefangen hatte, fand es sein Ende. Wie ein hoch aufloderndes Feuer, das keine Nahrung mehr hat und still in sich zusammensinkt. Und dann sah sie auch das Elend, den Schmutz und die Rohheit, hörte die bettelnden Stimmen: „Ein kleines Almosen, gütiger Herr! Nur ein kleines Almosen! Nur eine Kopeke!" Anna bemerkte die zerlumpten Kleider und die zerschlissenen Schuhe und sie sah, wie der finster aussehende Mann, der gerade eben noch getanzt hatte, einem kleinen Jungen so derb ins Gesicht schlug, dass er zu Boden ging.

Ein junges, schönes Zigeunermädchen trat nun hervor. Hinter ihr eine kleine, weiße Ziege. Die Umstehenden riefen ihr Zahlen zu. Die Ziege hob ihren linken Vorderhuf und stampfte so oft auf den Boden, wie es der Zahl entsprach. „Ich auch! Ich auch!", bettelte Anna. Maria Antonowna nickte und so rief sie laut: „Zeig mir die Sieben!" Und die Ziege tat, wie ihr geheißen.

Mitte Juli fahren wir los. Mein Sohn Max begleitet mich auf dieser Reise. Von meinem Haus in Litauen sind es nur fünf Minuten bis zur lettischen

Grenze. Nach weiteren fünf Minuten haben wir die Grenze passiert. Blühende Vorgärten, schöne Höfe. In Liepaja, der ersten Stadt, winkt uns ein Polizist ran. Er greift durch das geöffnete Fenster und schaltet mein Licht an. In Lettland fahren alle mit Licht, Tag und Nacht, und die Zeit ist eine Stunde vorgestellt.

Weiter auf der A9 Richtung Riga. Die Straße ist gut, wir kommen schnell voran. In Riga finden wir auch gleich eine Bank, tauschen Geld, tanken, und der Tankwart zeigt uns den Weg aus Riga heraus.

Es dunkelt schon, als wir nach Smiltene abbiegen, einem kleinen Ort unweit der A2, die nach Pskow, nach Russland, führt. Auf der Straße fragen wir einen Mann nach einer Schlafmöglichkeit. Er winkt und wir folgen ihm. Er besteigt sein Fahrrad, und bergauf, bergab fährt er vor uns her, führt uns zu einem kleinen Hotel an einem See, und noch ehe wir uns bedanken können, ist er weitergeradelt.

Die Götter sind mit uns. Die Kellnerin am nächsten Morgen spricht deutsch, holt ihren Autoatlas hervor und tippt auf Romeskaln. Romeskaln gibt es noch. Es hat die Jahrhunderte überdauert.

Eine Stunde später sind wir in Aluksne.

Zuerst fahren wir Richtung Süden. Auf der Karte hatte ich einen Ort entdeckt, der „Anna" hieß. Ein gutes Omen. Wir fotografieren das Ortsschild. Ein Foto für mich. Eins für Anna, meine Tochter.

In der „Touristen-Information" in Aluksne sitzt eine nette junge Frau. Sie spricht gut englisch und gibt mir den Namen eines Lehrers, der in Romeskaln lebt. Sie ruft ihn sogar an, doch er ist nicht da. Mich hält es nicht länger, wir fahren los.

Mitten im Wald, auf einem kleinen Hügel, steht ein großes helles zweistöckiges Gebäude, etwa einhundert Jahre alt. Eine Schule. Eine Hütte und zwei kleine Wohnhäuser dicht daneben. Das ist alles? Keine Straße? Kein Marktplatz? Keine Kirche? Kein Schloss? Keine Ruine? Kein altes Gutshaus?

Ich bin enttäuscht. Das soll Romeskaln sein? Nur eine Schule mit den Wohnungen der Lehrer?

Vor der Schule gut gepflegter Rasen, ein Basketballfeld, Blumen.

Die Tür zur Schule steht weit offen und wir treten ein. Im Flur Fotos und bunte Zeichnungen der Kinder. Oben hören wir ein Geräusch. Wir gehen ihm nach und finden Evalds Vangas, den Direktor der Schule, einen etwa 60-jährigen Mann, der gerade alte Karten sortiert.

Ohne ein Anzeichen von Verwunderung begrüßt er uns auf Englisch und führt uns in sein „historisches Museum". Ein Raum, etwa vier mal vier Meter, gefüllt mit alten Gerätschaften, Steinen, Fossilien, alten Drucken und Büchern.

Ganz kurz nur erzähle ich ihm, dass ich Journalistin bin und zur Familiengeschichte des Fürsten Trubetzkoi recherchiere. Dass ich aus der Literatur weiß, dass Romeskaln im Besitz von Nikita Jurjewitsch Trubetzkoi war und dass ich aus einer „anderen" Quelle erfahren habe, dass seine Tochter Anna Naryschkin hier 30 Jahre lang gelebt haben sollte.

Evalds Vangas hört aufmerksam zu, holt zwei Stühle für uns und eine alte, abgegriffene Mappe. Sie enthält die Namen der Besitzer von Romeskaln. An erster Stelle Fürst Trubetzkoi (1744 – 1745). Danach ständig wechselnde Besitzer. Männernamen. Von Anna steht da nichts.

Vangas denkt laut nach: „Was kann eine Frau, eine Fürstin, vor 300 Jahren veranlasst haben, in dieser wilden Gegend zu leben? Ja, es war eine wilde Gegend, dichte Wälder, Berge, Quellen, Flüsse und Seen, eine Gegend, die sich dem Urbarmachen bis auf den heutigen Tag entzogen hat. Eine Gegend, die bekannt und gefürchtet war für die Menschen, die hier ihr Lager aufgeschlagen hatten. Zigeuner. Romes gleich Roma und Kaln heißt auf lettisch Berg. Also: Romeskaln – der Berg der Zigeuner.

Diese Zigeuner waren bekannt für ihre magischen Fähigkeiten. Sie konnten mit ihren Händen und mit ihrem Blick heilen, aber auch verfluchen. Was trieb eine Adlige hierher? Wollte sie dem satten Leben in Petersburg entfliehen, hatte sie Sehnsucht nach der Natur, oder war sie vielleicht krank und hat hier Heilung gesucht?"

Vangas stellt diese Fragen in den Raum und ich werde das eigentümliche Gefühl nicht los, dass er mich durchschaut.

„Wenn sie möchten, führe ich sie zu einem magischen Stein. Viele tausend Jahre liegt er schon dort, versteckt im Wald. Nur die ganz Alten hier kennen ihn noch. Und ich kann euch auch zu einer alten Heilquelle führen. Ich bin sicher, dass Anna Naryschkin diese zwei Orte gekannt hat."

Während Vangas sich umzieht, schreibe ich Dankesworte in sein kleines Gästebuch. Ich lege 100 DM zwischen die Seiten. Mag er sie finden, wenn wir schon wieder weg sind.

Evalds Vangas führt uns durch hohe Wiesen, durch Schlamm, geduckt bahnen wir uns unseren Weg durch das Dickicht der Bäume, Äste zerkratzen mir Arme und Beine.

Plötzlich bleibt Vangas stehen. „Wir sind gleich da", sagt er, „doch vorher erzählen Sie mir bitte, warum Sie wirklich hier sind."

Hilflos blicke ich zu meinem Sohn Maximilian. „Was soll ich nur tun", fragen meine Augen. „Sag ihm die Wahrheit, er wird sie verstehen."

Ich erzähle Vangas von der roten Stelle auf meiner Stirn, von der Reinkarnationssitzung und dass ich alles, was ich über Anna weiß, mit dem Armtest der Kinesiologie herausgefunden habe. Vangas, der uns so selbstverständlich begrüßt hat, als hätte er jahrelang auf uns gewartet, scheint auch jetzt nicht befremdet. „Now I can show you the stone. The stone need the truth. Reincarnation – why not – millions of people believe this.[7]"

Vangas biegt Zweige auseinander und vor uns liegt ein riesiger Findling, ganz und gar mit Moos bedeckt. Im Moos feine Linien, wie alte archaische Schriftzeichen einer vergangenen Zeit. „Diese Linien sind nicht von Menschenhand, auch die Natur kann sie nicht geschaffen haben", sagt Vangas. „Hier, leg deine Hände in diese beiden Vertiefungen, lehne dich an und spüre die heilende Energie."

Der Stein ist wie ein Lebewesen, ich merke ein feines Pulsieren. Lange bleiben wir hier. Ich klettere auf den Findling, lege mich auf ihn und bitte ihn um ein Geschenk. Ein kleiner Ast fällt neben mir nieder, nimmt die Energie des Steines auf und schiebt sich dann in meine Hand. Ich nehme den Ast mit.

Vangas erzählt weiter, dass die alte Poststraße Petersburg - Riga hier entlanggeführt hat und dass Anna Naryschkin diesen Stein gekannt haben muss.

Auch die Quelle ist an einem unzugänglichen Ort. Das Wasser köstlich. Zurück auf Romeskaln zeigt uns Vangas, wo früher das alte Gutshaus stand. Es ist der Platz, wo jetzt das Basketballfeld ist. Von diesem Platz aus geht es sanft nach unten, terrassenförmig sind Eichenbäume angeordnet und geben den Blick frei auf einen kleinen Fluss am Fuße des Hügels. Ich lasse mich nieder, lehne mich an eine der alten Eichen und eine stille Traurigkeit überfällt mich. Meinem Sohn geht es ähnlich.

---

[7] Jetzt kann ich Ihnen den Stein zeigen. Der Stein verlangt die Wahrheit. Reinkarnation – warum nicht – Millionen Menschen glauben daran.

Vangas hat sich verabschiedet. Wir vereinbaren, dass wir uns schreiben werden, auch er will weiterforschen.

Lange sitzen wir so, stumm, versonnen, blicken nach unten, auf den schimmernden Fluss.

Noch einmal gehe ich mit Max zu der Quelle. Wir leeren den 5-Liter-Kanister Apfelsaft, den wir uns gegen den Durst gekauft hatten und füllen ihn mit dem Wasser der Heilquelle.

Noch ein kurzer Abstecher zu Ernst Glück, dem berühmten Pfarrer, der in Marienburg von 1683 – 1702 gelebt hatte. Sein Lebenswerk war die Übersetzung der Bibel in die lettische Sprache, und in seiner Familie wuchs auch die spätere russische Zarin Katharina I. auf. Der Ort mit den zwei Eichen, die Ernst Glück 1685 und 1689 selbst gepflanzt hat, ist ein guter Ort. Ein Kraftplatz mit einer sanften Schwingung, die das Herz weich macht und weit.

Zurück in Aluksne finden wir ein kleines Hotel für die Nacht. Durst auf ein Bier im Freien. Das Bier ist warm und etwas schal. Zwei Männer mit grauen Haaren sitzen am Nachbartisch. Einer gefällt mir. Am nächsten Morgen, beim Frühstück im Hotel, stellt sich heraus, dass dieser Mann direkt im Zimmer neben mir geschlafen hat. Auch ich war ihm aufgefallen. Er ist Schwede. Wir gehen nach draußen auf den Balkon, um eine Zigarette zu rauchen. Und da sitzen wir nun, Maximilian – der Deutsche, der gutaussehende Schwede und ich, die ehemalige Russin. Und wir reden über Lettland, das einmal Livland hieß und wir reden darüber, dass Livland einstmals deutsch, schwedisch und russisch war…

Auf der Rückfahrt besuchen wir noch einige Güter, die Fürst Trubetzkoi gehört haben. Ronneburg, Neuhof, Paulenhof und Wesselshof.

Ein bisschen schäme ich mich für das alberne stolze Gefühl, das sich aber nicht unterdrücken lässt: Ich blicke auf die Landschaft mit Annas Augen. Das also hat alles meinem Vater gehört: dieser Wald, diese Wiesen, diese Häuser, diese Menschen…

In Wesselshof steht ein altes Gebäude. Es könnte älter als 300 Jahre sein. Riesige Findlinge, kunstvoll zusammengefügt zu stabilen Mauern. Ein verfallener Portalbogen in der gleichen Bauweise.

Hier, vor diesem Haus, spüre ich am meisten, fühle mich geborgen und daheim. Ich glaube, ich könnte losgehen und würde alles wiedererkennen. Ich unterlasse es, aus Angst, mir etwas einzubilden.
Dominierte in Romeskaln eine stille Traurigkeit, so ist es hier ein großes, unbeschreibliches Glücksgefühl.
Eine alte Frau steht plötzlich neben mir. „Eto wasch dom.[8]" Ich weiß nicht, ob es eine Frage oder eine Feststellung ist. Sie nickt mir freundlich zu und geht weiter. Maximilian lächelt und sagt: „Mich wundert hier schon gar nichts mehr."

Für nur drei Tage hatte ich mein Haus am Meer verlassen, doch als ich wieder da bin, kommt es mir vor, als sei eine Ewigkeit vergangen, als käme ich von einer Weltreise zurück. Als Erstes konserviere ich das livländische Heilwasser mit einer Flasche russischem Wodka. Und dann trinke ich Wodka. Und dann lege ich mir Musik auf – Zigeunermusik. Lausche, spüre, wie Pjotr Leschenkos Stimme sich in mir ausbreitet, meine Finger fangen an sich zu bewegen, die Handgelenke kreisen, mein Becken vibriert, die Füße wollen stampfen, schweben, hüpfen und springen, ich verliere alle Hemmungen und gebe mich hin. Wilder Tanz, Zigeunertanz, zarter Tanz, Heulen und Lachen zugleich.
Pjotr Leschenkos „Gipsy songs" von 1931 höre ich zum ersten Mal. Als ich diese neue CD für Litauen einpackte, wusste ich noch nicht, dass Romeskaln der „Berg der Zigeuner" war.

Der nächste Morgen: Ich liege auf der Wiese vor meinem Haus und lasse es mir gutgehen. Das Meer rauscht, die kleinen Schwalben auf dem Scheunendach machen ihre ersten Flugversuche und ich lese mit wachsendem Vergnügen „Reise durch Russland" von Alexandre Dumas:

„Wenige Schritte von dem Denkmal entfernt, schließt sich der Basar an, den man die Goldene Zeile nennt, weil dort fast nur die Buden der Goldschmiede und Juweliere stehen. Dort kaufen die Liebhaber alten Goldes und Silbers die Becher, Gläser, Kelche, Humpen, Armbänder, Gürtel, Ringe und Dolche; die Form wird nicht berechnet, und Gold und Silber werden nach Gewicht verkauft.

---

[8] Das ist Ihr Haus.

Wesselshof - Sommer 2001

Dort findet man die schönen Türkise, eine Kostbarkeit, nach der die Russen unausgesetzt suchen. Perser und Chinesen verkaufen sie sowohl gefaßt wie ungefaßt; sind sie gefaßt, so beinahe immer in Silber. Der Wert des Türkises variiert unglaublich nach seinem Farbton; je mehr er ein dunkles Azurblau annimmt, um so kostbarer ist er. Zwischen zwei Türkisen von derselben Form bedingt eine fast unmerkliche Schattierung einen Unterschied von fünfhundert Francs. Der Türkis ist für die Russen mehr als ein Edelstein; er ist ein Gegenstand des Aberglaubens. Der Freund schenkt ihn dem Freund, der Liebhaber der Geliebten, die Geliebte dem Liebhaber als Glücksbringer im Augenblick der Trennung. Je dunkler die Farbe, desto mächtiger der Talisman. Wenn während der Abwesenheit der geliebten Person der von ihr geschenkte Türkis verblaßt, so ist sie krank oder wird untreu. Man hat mir Türkise gezeigt, die am selben Tag wie ihr früherer Besitzer ´gestorben´ waren. Sie hatten ein bleiches Grün angenommen, nachdem sie vorher von schönstem Azur gewesen waren."

Ich liebe Edelsteine. Jeden Sommer bringe ich sie mit nach Litauen, vergrabe sie bei Vollmond in der schwarzen fruchtbaren Erde meines Hofes und buddele sie zum nächsten Vollmond wieder aus. Den Rest der Zeit lasse ich sie Sonnen- und Mondlicht tanken, bade sie in frischem Quellwasser. So aufgeladen leisten sie mir wieder ein Jahr lang gute Dienste, sie heilen, stärken und inspirieren mich.
Kurz vor meiner Abreise aus Deutschland hatte ich einen großen tiefblauen Türkis erstanden. Ein nicht ganz billiger Stein. Doch irgendetwas in mir wusste, dass es wichtig sei, ihn zu haben. Diesen Türkis vergrub ich nicht mit den anderen in der Erde, sondern ich legte ihn vorn auf die Ablagefläche meines Autos. Er sollte mich als einziger meiner Steine nach Lettland begleiten.

Erst Leschenkos Zigeuner-CD, dann der Türkis…

Fürst Trubetzkoi fand lange keinen Schlaf. Seine Tochter Anna hatte mit ihrem Geplapper über die Zigeuner Erinnerungen wachgerufen an seine erste Frau, an die Gräfin Nastasia Golowkina. Sie hatte damit an einem Stachel gerührt, der tief in seinem Herzen saß. Diese Frau hatte ihn lächerlich gemacht vor der ganzen Petersburger Gesellschaft. Und ihre unheilvolle Liaison mit Fürst Dolgoruki war öffentlich geworden an dem Tage, an dem er die Zigeuner mitgebracht hatte...

Damals... Man schrieb das Jahr 1725. Der alljährliche Winterball der Trubetzkois war in vollem Gange. Seine Frau Nastasia liebte Bälle jeder Art, doch den Winterball besonders. Er war der Höhepunkt des Jahres, mehr noch als die Weißen Nächte im Sommer. Die Wintersonnenwende lockte merkwürdige Gäste an. Spieler und Sterndeuter, Dichter und Komponisten, Maler und Bildhauer, Musiker und Schauspieler, deutsche Barone, französische Grafen, englische und spanische Gesandte. Ein bunt gemischtes Volk. Nastasia amüsierte sich vortrefflich und keiner sah ihr an, dass sie gerade ihren Drittgeborenen zu Grabe getragen hatte.
Nikita Jurjewitsch Trubetzkoi jedoch war nach draußen gegangen und keiner schien ihn zu vermissen. Er brauchte diese Rückzüge, diese einsamen, langen, ausgedehnten Spaziergänge, und er ging hinunter zum Ufer der Newa, die in jenem Winter so dick zugefroren war, wie lange nicht. So an die drei Fut[9] – sagten kopfschüttelnd die Eisfischer. Er musste dem Lärm entfliehen, dem Vergnügungsrausch, der alle erfasst hatte. Wie oft schon hatte er sich vorgestellt, dieses ganze Pack, jeden einzelnen, am Kragen zu schütteln und rauszuwerfen in die winterliche Nacht. Sie tranken seinen Champagner, sie soffen seinen Wodka, sie berauschten sich an seinem Punsch, sie zertanzten seine Säle und sie vergnügten sich in seinen Betten.
Doch am meisten quälten ihn die Affären seiner Frau Nastasia Golowkina. Die Zeit war aus den Fugen. Verlogen, oberflächlich, intrigant – alles, was ihn umgab. Süchtig nach Rausch. Um was zu vergessen? Er wusste es nicht. Kein Gott, der zu ihnen sprach. Kein Gott, der in ihnen wohnte.

---

[9] Altes russisches Längenmaß, ein Fut = 0,3048 m

Immer, wenn ihn diese Stimmung erfasste, ging er nach draußen. Lief, bis seine festgeballten Fäuste sich lösten, bis sein Atem freier wurde, bis seine Augen wieder sehen konnten. Frischgefallener Schnee, die Newa lag da wie eine jungfräuliche weiße Prachtstraße, Marktstände auf dem Fluss. Zigeuner hatten ihre Zelte aufgeschlagen. Er trat näher.

Eine alte Zigeunerin stimmte eine Melodie an, rau und klagend, voller Kraft. Die Melodie stieg auf, in den Himmel der Vollmondnacht, und als sie sich wieder niederließ auf dem Lager der Zigeuner, hatten auch die anderen ihre Melodie gefunden. Jeder sang sein eigenes Lied, fand eigene Worte, einen eigenen Rhythmus, ging ganz darin auf, verlor sich darin, bis der Gesang lauter wurde, machtvoll, gewaltig, ein Orkan, der alle vereinte. Ganz langsam, fast zärtlich, beruhigte sich der Orkan. Die Stimmen wurden leiser, so leise, bis es ganz still war. Mitten in die Stille hinein ein lautes, schepperndes Geräusch. Nikita Trubetzkoi hatte nach seiner Börse gegriffen und sie den Sängern zugeworfen. Ein herrisches Kopfnicken – Folgt mir! – und der Zug setzte sich in Bewegung. Er ging voran in seinem schweren Zobelmantel, die Musikanten folgten ihm. Je näher sie dem Palais kamen, umso langsamer wurden ihre Schritte. Die Gruppe der Zigeuner – immer im gebührenden Abstand zum voranschreitenden Fürsten – passte sich seinem Tempo an. Zögerlich setzte er Fuß vor Fuß. Uneins mit sich selbst, was er eigentlich wollte.

Er betrat den Saal, blieb jedoch an der Tür stehen, um das Treiben zu beobachten. Seine Blicke suchten seine Frau. Schamlos, vor aller Augen, lag sie in den Armen des Fürsten Iwan Alexejewitsch Dolgoruki. Sie umarmte ihn leidenschaftlich. Als sie den Blick ihres Mannes bemerkte, der immer noch an der Tür lehnte, löste sie sich lässig aus der Umarmung und ging auf ihn zu. „Singt!", befahl er den Zigeunern, die ihm gefolgt waren. Und wie durch eine geheime Macht verstummte alles ringsum, um den fremdartigen Klängen zu lauschen.

In den Jahren, die dann folgten, fiel Fürst Iwan Dolgoruki ohne Vorankündigung, wann immer es ihm beliebte, mit seinen Saufkumpanen in das Haus der Trubetzkois ein. Sie tranken bis zum

Umfallen, beschimpften ihn, den Hausherren, manchmal schlugen sie ihn sogar. Er war dieser Bande hilflos ausgeliefert, wusste sich nicht zu wehren und einmal hatten sie ihn sogar gepackt und aus dem Fenster gehalten. Er zappelte und wimmerte um Erlösung. Diese Episode machte in ganz Petersburg die Runde. Nastasia lag dabei auf einem der Diwane und lachte, bis ihr die Tränen kamen, so erheiterte sie dieses Spektakel.

Diese Demütigungen fanden erst ihr Ende, als Iwan Dolgoruki beschloss, die 16-jährige Natalja Scheremetjewa zu heiraten. 1729, am Weihnachtsvorabend, fand in Moskau die Verlobung statt. Doch schon vier Wochen später, auf Befehl der neugekrönten Zarin Anna Ioanowna, schickte man die gesamte Dolgoruki-Sippe nach Sibirien, nach Beresow, in die Verbannung. Ihre Intrigen und Machtspiele bei Hofe waren ihnen zum Verhängnis geworden.

Das Urteil, an dem er keinen geringen Anteil hatte, erfüllte ihn damals mit vollster Genugtuung. Noch am gleichen Abend ließ er sich ein Fass Branntwein in die Bibliothek bringen. Als er am nächsten Morgen aus seinem Rausch erwachte, fühlte er sich leicht und befreit, wie um Jahre verjüngt.

Doch seine Frau konnte die Trennung von ihrem Liebhaber nie verwinden. Noch zwei Jahre sollten vergehen, bevor sie ihm, ihrem vor Gott angetrauten Gemahl, wieder zu Willen war. Sie gebar ihm noch zwei Söhne, und im April 1735 schloss sie für immer ihre Augen. Ihren blauen Salon, in dem sie sich meist aufzuhalten pflegte, hatte man nach ihrem Tode so belassen. Nichts war verändert worden. Den Schlüssel hatte er an sich genommen und verwahrte ihn seither in seinem Sekretär.

Sein Körper straffte sich und er nickte einige Male mit dem Kopf. Ja, so sollte es sein, gleich morgen würde er Anweisung geben, den blauen Salon neu herzurichten. Nichts sollte mehr erinnern an seine erste Frau, an Nastasia Golowkina.

Kurz bevor ich aus Litauen zurückkehre, schreibe ich an Tamara. Sie ist Filmemacherin, lebt in Berlin und stammt aus Russland. Wir hatten uns kennen gelernt in der Auswahlkommission für die Internationale Leipziger Dokfilmwoche, für die ich mehrere Jahre lang gearbeitet hatte. Tamara verfügt über vielfältige Kontakte nach Russland und ich bitte sie um Hilfe.

Ich musste dieses Buch, auf das ich bei meinen Recherchen in der Deutschen Bücherei gestoßen war und von dem ich nicht einmal den Namen kannte, unbedingt haben. In einem Prachtband über Europas Fürstenhäuser hatte ich das Wappen der Trubetzkois gefunden und, kleingedruckt, folgenden Hinweis:

„1993 erschien in St. Petersburg der erste Band zu einer umfangreich geplanten Genealogie und Geschichte der alten russischen Aristokratie. 51 Fürstenhäuser umfasst die Darstellung, der ein Grußwort der Großfürstin Maria Wladimirowna (einzige Tochter von Großfürst Wladimir, die seit 1992 Oberhaupt der Familie Romanow ist) vorangestellt ist."

Das war die einzige reale Spur. Der Stammbaum der Trubetzkois musste hier zu finden sein.

Denn ich machte mir nichts vor: Die meisten „Fakten", die ich bis jetzt besaß, waren Ergebnis des kinesiologischen Armtestes bei Bianca.

Ich aber wollte es schwarz auf weiß lesen!

Wir hatten ausgetestet, dass Anna 1737 geboren wurde, dass sie 1760 nach Livland ging und dass sie 1792 gestorben ist. Und ich malte mir den dramatischen Moment aus:

Mein Zeigefinger fährt zitternd und bebend über die Spalten der Stammbaumtabelle. Ich lese Annas Namen, dahinter ihr Geburtsdatum: 1737! Und ihr Sterbedatum: 1792!

Doch was würde geschehen, wenn dort statt 1737 zum Beispiel 1720 stünde? Ich wollte mir meine Enttäuschung, mein langes Gesicht gar nicht erst vorstellen...

Der Sommer in Litauen ging zu Ende. Es gab mehr Schmetterlinge als sonst. Viele verschiedene.

Morgens, wenn ich auf der Schwelle meines Hauses saß und Kaffee trank, kamen sie zu mir und setzten sich auf meine Schultern, Arme und Hände.

Der Sommer war rasch verflogen. Noch dreimal war Anna in Begleitung von Maria Antonowna bei den Zigeunern gewesen. Beim letzten Mal hatte die alte Zahnlose nach Annas linker Hand gegriffen und sie festgehalten. „Welch Linie, welch merkwürdig gerade Linie", hatte sie gemurmelt. „Eine große Liebe wartet auf dich, mein Kind. Aber…" Anna konnte nicht hören, was die Alte ihr noch sagen wollte. Maria Antonowna hatte sie schnell weitergezogen. Wenn einer sie so sähe, würde sie bestraft werden, vielleicht sogar ihre Stellung verlieren. Und sie bat Anna inständig, den Vorfall für sich zu behalten.

Abends, nach dem Nachtgebet, bat Anna ihr Kindermädchen, noch ein wenig zu bleiben. „Du willst also wieder eine Geschichte hören?" „Nein, nein, Maria Antonowna, bitte sagen Sie mir, was ist das, die große Liebe?"

„Ach Kind", hatte diese geantwortet, „das gibt es doch nur in den Märchen." Sie schwieg, seufzte ein wenig und fuhr fort: „Du wirst den Mann heiraten, den deine Eltern für dich bestimmt haben. Und du wirst ihm viele Kinder schenken. Ihr werdet in einem großen Palais wohnen mit vielen Bediensteten. Und es wird dir an nichts fehlen. So, und nun schlaf!"

Die Wachskerzen in den Kronleuchtern waren schon fast heruntergebrannt. Noch eine Stunde, und der Raum würde im Dunkeln liegen. Anna hatte das Kindermädchen gebeten, die Kerzen nicht zu löschen. Es war schön, ihrem Flackern zuzusehen und ihr langsames, aber unaufhaltsames Vergehen mitzuerleben. Kerzen waren geheimnisvoll und unberechenbar. Anna hatte genau darauf geachtet, in welcher Reihenfolge der Zimmerdiener die Kerzen anzündete und löschte. Die, welche er immer zuerst anbrannte, war auch die, welche er zuletzt löschte. Diese Kerze müsste also auch als Erste abgebrannt sein. Doch Kerzen sind eigensinnige Wesen, führen ihr Eigenleben. Manche brennen schnell und hastig herunter, andere flackern wie wild, und wieder andere verbreiten ihren sanften Schein, ohne auch nur einmal zu zucken. Dann gibt es welche, die nicht brennen wollen und immer wieder ausgehen, kaum hat man ihnen den Rücken gekehrt. Es gab keine Regel, und so versuchte Anna einfach zu erraten, welche der Kerzen wohl als Nächste verlöschen würde.

Mit jeder abgebrannten Kerze änderte sich die Atmosphäre des Raumes. Licht und Schatten schienen Versteck zu spielen, und Anna blickte gebannt nach oben, an die gewölbte azurblaue Decke ihres Zimmers, auf die von feiner Hand in Gold und Silber die Himmelskörper gemalt waren, die im Spiel der verlöschenden Kerzen begonnen hatten, ihre eigenen Bahnen zu ziehen…

Vor Anna standen zehn stolze Recken. Einer stattlicher als der andere. Ihre Gesichter waren verschleiert und jeder von ihnen trug einen Schlüssel in seiner Hand. Anna schritt die Reihe langsam ab und roch an ihnen. Grützwurst, saurer Schweiß, Wodka, Weihrauch, Talkpuder, Leder, Veilchen, Fisch, Kaminholz und Pulver. Die Grützwurst liebte bestimmt fette, derbe Speisen und würde bald dick und rund werden. Der saure Schweiß konnte sicher gut zupacken, aber er machte seine Arbeit nicht wirklich gerne, sonst wurde sein Schweiß nicht sauer werden. Wodka konnte wahrscheinlich gut repräsentieren, wild fluchen und sich Respekt verschaffen. Weihrauch wäre ruhig und friedlich und gottesfürchtig, aber das Lachen hatte er verlernt. Talkpuder liebte die feinen Sitten, sprach meist französisch und war ein guter Tänzer. Leder liebte die Pferde und die Jagd. Veilchen war romantisch, kannte den Wald und die Wiesen. Fisch liebte das Meer und das Reisen. Kaminholz war gerne zu Hause, konnte mit Kindern spielen und Geschichten erzählen. Und Pulver zog es in den Krieg.

Anna ließ Leder, Veilchen und Kaminholz vortreten. Nun besah sie sich die Schlüssel der drei. Welcher würde wohl zu ihrem Herzen passen?

Und noch da sie es dachte, stieg dichter Nebel auf im Saal und als er sich wieder legte, stand Anna allein. Die zehn Recken waren spurlos verschwunden und durch die geöffneten Fenster des Saales fegte ein eisiger Nordwind.

Es war noch mitten in der Nacht, als Anna aus diesem Traum erwachte. Ihr Herz klopfte laut und heftig, wie nach einer großen Anstrengung, und erst in der Morgendämmerung fand sie zurück in einen leichten, unruhigen Schlaf.

Zurück in Deutschland telefonierte ich mit Tamara. Sie hatte meinen Brief erhalten und bereits alles in die Wege geleitet. Die Regisseurin Marina Golny aus Petersburg würde mir das gewünschte Buch im Herbst zur nächsten Dokfilmwoche mitbringen.

Ende August traf ich Bianca. Ich wollte die weitere Arbeit an der „Fürstin" auf den Herbst verschieben, wollte erst auf Marina Golny warten und das Buch.
Die rote Stelle auf meiner Stirn war und blieb verschwunden.
Doch da gab es noch ein anderes Problem, hartnäckig, chronisch, unverändert seit Jahren: meinen Durchfall!
Früh, nach dem Aufstehen musste ich rennen und auch tagsüber, nach jedem Essen.
Wie rein – so raus.
Es gibt Zeiten, da ignoriere ich meinen Durchfall, verschwende keinen Gedanken darauf. Deshalb kann ich gar nicht sagen, wann das alles angefangen hat. Vor zehn Jahren? Vor fünf Jahren? Keine Ahnung. Gab es einen konkreten Auslöser in meinem Leben? Ich weiß es nicht. Ich erinnere mich nicht.
Und dann kommen Phasen, wo ich nur genervt bin, voller Wut auf dieses Symptom, das sich jeder Kontrolle entzieht. Wie ein brutaler Überfall hat mich der Druck in seinen Krallen. Ich bin hilflos, bin ausgeliefert, kann nichts tun. Ich muss immer damit rechnen. Es geschieht ohne Vorankündigung, ohne Warnung.

Durchfall steht für vieles:
Durchgefallen sein, versagt haben, Schiss haben, sich vor Angst in die Hosen machen, alles loslassen, nichts behalten können...
Wovor habe ich Angst? Geht es um Loslassen? Oder um Bewahren? Was will ich unbedingt loslassen? Was kann ich nicht behalten? Wo verliere ich die Kontrolle? Oder will mir der Durchfall zeigen, dass ich zuviel

Kontrolle ausübe und lernen soll, die Kontrolle aufzugeben und mich dem Chaos hinzugeben? Geht es um Geben? Oder geht es um Nehmen? Was ist der Sinn? Was macht mir solchen Druck? Was weicht alles Feste auf und verflüssigt es? Wohin renne ich?

Schulmedizinisch hatte ich alles gründlich untersuchen lassen. Da war nichts.

Die Ursache lag im seelischen Bereich, das hatte Bianca mehrfach ausgetestet, ob mir das nun gefiel oder nicht.

Bei dieser Sitzung finden wir heraus, dass es um Mütterlichkeit geht. Nicht um die Beziehung zu meiner Mutter, sondern um mich als Mutter. Wir testen alle sechs Kinder durch, die drei, die ich geboren habe und die drei, die ich abtreiben ließ.

Bei meinem Sohn Paul, der mit sechs Monaten starb (er war kerngesund und ich fand ihn früh tot in seinem Bett) und bei einem der abgetriebenen Kinder testet der Arm schwach.

„Hast du die Kinder geehrt?"

Ich verstehe Biancas Frage zunächst nicht. Doch dann wird mir klar, dass ich ihnen keine Ehre erwiesen habe. Ich hatte versucht zu vergessen, zu verdrängen.

Bianca schlägt eine Trance vor und ich lege mich hin:

Ich kann Paul sehen und mit ihm reden. Wie groß er geworden ist, fast schon erwachsen… Wir umarmen uns. Er geht zur Tür hinaus. „Ich habe zu tun, mach's gut!", ruft er mir noch zu. Das abgetriebene Kind kann ich nicht sehen. Auf einmal kommt von rechts ein Schmetterling. Er setzt sich auf meine Hand, ich denke an Litauen, an Metamorphose und merke, wie mir leicht wird ums Herz.

Bianca holt mich aus der Trance zurück. Gestärkt und kraftvoll stehe ich auf. Wische mir die Tränen aus dem Gesicht.

Zwei Tage lang habe ich keinen Durchfall.

Dann ist alles wie gehabt.

Ich denke, es wird ähnlich sein wie mit der roten Stelle auf meiner Stirn, die jedes Mal, wenn ich mit Bianca gearbeitet hatte, verblasst war und dann wiederkam, bis zu dem Zeitpunkt, wo sie für immer verschwand.

Kurze Zeit später habe ich meinen nächsten Termin bei Bianca, und wir widmen uns weiter dem Durchfall:

Diesmal testen Milz/Bauchspeicheldrüse und Steiß schwach. Es geht um den Glauben, keine Wurzel zu haben. Schon zum Zeitpunkt meiner Zeugung gab ich dieses Bewusstsein auf, eine eigene Wurzel zu haben. Suchte die Wurzel im Außen, in meinen Kindern, in der Bestätigung durch einen Mann, in der Arbeit. Hatte Angst, einer könnte bemerken, dass ich ohne Wurzel bin.

Als Hausaufgabe gibt mir Bianca auf, mir meine eigene Wurzel vorzustellen, wann immer ich daran denke.

Der Satz „Ich habe meine eigene Wurzel" begleitet mich noch wochenlang. Anfangs hatte ich völlig kindisch und krampfhaft versucht mir vorzustellen, meine Wurzel wäre eine Art Steißfortsatz, der schwanzartig nach unten reicht und mich mit der Erde verbindet.

Doch dieses Bild taugte nichts. In dem Augenblick, als ich es losließ, kam ein neues Bild:

Ich hatte viele Wurzeln. Wie Strahlen reichten sie nach überallhin: nach oben, nach unten, nach hinten, nach vorn, in alle Schrägen. Und am Ende immer eine Quelle, die mich nährt. Ich kam mir vor wie Großmutter Spinne in der Mitte ihres Netzes und schaukelte vor Behagen hin und her.

Ich merkte, wie mein „Wurzelbewusstsein" mein TaiChi veränderte.

Ich stand tiefer, stabiler und fühlte die Kraft der Erde. In den Kursen hatte ich viele Ideen, entwickelte neue Übungen zum sicheren Stand, zum Verwurzeln und Geerdetsein.

Mein Durchfall verschwand für kurze Zeit, dann war er wieder da, als sei nichts geschehen.

„Sascha, bitte sag mir, was ist das, die große Liebe?" Sascha zügelte sein Pferd ein wenig, so dass sie ruhig nebeneinander hertraben konnten. Die morgendlichen Ausritte mit der kleinen Fürstin machten ihm viel Vergnügen. Sie stellte immer viele Fragen und geduldig hatte er ihr die Bäume und Pflanzen, die Gräser und Blüten, die Pilze und Beeren, die Vögel und Insekten erklärt. All diese kleinen Wunder der Schöpfung…

Doch solch eine Frage hatte sie ihm noch nie gestellt. Er zögerte mit der Antwort. Anna wurde ungeduldig. „Bitte Sascha, ich muss es wissen." „Warum?", fragte er zurück. „Weil, weil... ich es eben wissen muss!" Anna fiel gerade noch rechtzeitig ihr Versprechen ein, niemand von der Begegnung mit der Handleserin zu erzählen.

„Brrrr! Lass uns hier Rast machen." Sascha stieg vom Pferd. Er half Anna aus dem Steigbügel und band die beiden Pferde an eine junge Birke. „Na, Fedja, du kleiner Siwka-Burka, hast eine Pause verdient." Er kraulte das Ohr des Graubraunen und ließ sich dann neben Anna im Gras nieder.

„Die große Liebe", begann er, „die große Liebe – die gibt es nicht."

„Ja, ja, die gibt's nur im Märchen, das hat mir schon Maria Antonowna gesagt."

„Nein, so meine ich das nicht. Die kleine Liebe, die große, die flüchtige, die dauerhafte, die unglückliche, die glückliche, die kurze, die lange Liebe, all das sind nur Spielarten. Ich glaube, es gibt nur DIE Liebe. Ohne ein Wort davor. Eine Liebe, die nichts ausschließt und alles umfasst. Die Tiere, die Pflanzen, die Menschen, den Himmel, die Erde und Gott."

Anna hörte seine Worte. Doch sie verstand nicht den Sinn.

Zu Hause angekommen, fand sie ihren Vater vor. Er stand auf der Treppe. Seine Backenknochen malmten und Anna wusste dieses Zeichen zu deuten. Er war erregt. Er war wütend. Er war ratlos. Doch seine Stimme klang fest wie immer. Ungeduldig gab er Sascha seine Anweisungen: „Sattle zwei Pferde! Aber schnell! Und ihr", er wandte sich an zwei junge Garderekruten, „ihr reitet mit dem Diener und seht nach den Unglücklichen!"

Was war geschehen? Die Bibliothek des Fürsten Trubetzkoi gehörte zu den wertvollsten in ganz Petersburg. Hier standen die „Nestor-Chronik" und „Die Geschichte von Pjotr und Fewronija" aus dem 15. Jahrhundert, der gruslige „Domostroi" aus der Zeit Iwan Grosnys, eine alte Aufzeichnung aus dem 12. Jahrhundert „Nowgorod im Krieg mit Susdal" sowie viele Predigten, Reisebeschreibungen, Kriegserzählungen und Heiligenlegenden aus der alten Zeit. Natürlich auch Plato und Homer, Vergil und Seneca. Allesamt handgeschrieben.

Die Bibel war ein besonders kostbares Exemplar. Der Einband weiches Leder, mit Samt und Brokat besetzt, goldgeprägt der Titel. Die Seiten bestanden aus Pergament, aus der zu feinem, gelbschimmerndem Material verarbeiteten Haut von Kälbern, Ziegen und Schweinen. Der Text war mit schwarzer Tinte geschrieben, nur die ersten Buchstaben eines Absatzes waren in Zinnoberrot ausgeführt[10].

Die Illustrationen aber waren neu. Sie stammten von einem Künstler, der sich das Pseudonym „Bela" gegeben hatte. Von diesem Bela erzählte man sich, dass er zehn Werst[11] von Petersburg entfernt in einem kleinen, abgeschiedenen Landhaus lebte, gemeinsam mit seiner Schwester und einem verschwiegenen Diener. Keiner hatte Bela je lebend zu Gesicht bekommen.

Sein treuer Diener Wassili belieferte stets die Fürstenhäuser und auch den Zarenhof mit den in Auftrag gegebenen Illustrationen, und Wassili nahm auch den Lohn in Empfang: Eier, ein Huhn, gepökeltes Rinderfleisch, Brot und Zwiebeln, Seidenpapier, ein Fässchen schwarzer Tusche, einen Satz neuer Pfauenfedern, sowie 10 Silberrubel.

Und nun hatte Wassili also vor dem Haus des Fürsten Trubetzkoi gestanden und begehrt, ihn zu sprechen. „Mein Fürst", hatte er leise und stockend gesagt, „meine Herrschaft weilt nicht länger unter den Lebenden." Und Nikita Jurjewitsch hatte die zwei Berittenen ausgeschickt, um nach den Unglücklichen zu sehen. Die Nachrichten trafen noch im Laufe des Tages ein.

Belas Hand hielt die Pistole, welche zuerst seine Schwester, dann ihn getötet hatte. Belas Hände waren schlank und weiß. Doch an den Händen seiner Schwester sah man deutlich die tief eingegrabenen Spuren schwarzer Tusche.

---

[10] Noch heute heißt in Russland die erste Zeile eines neuen Absatzes „die rote Zeile"

„Geschichte der russischen Literatur", Verlag Kultur und Fortschritt, Berlin 1952

[11] Altes russisches Längenmaß, eine Werst = 1,067 km

„So ein Teufelskerl, macht sich ein gutes Leben, steckt den Ruhm ein und lässt seine Schwester für sich arbeiten." Fürst Trubetzkoi blickte auf die Illustrationen, als sähe er sie zum ersten Mal. Das Werk einer Frau. Ausgezeichnet. Exzellent. Und doch beschlich ihn ein leises Unbehagen. Er gab Befehl, die beiden dort zu begraben, wo sie gelebt hatten. Ein schlichter Grabhügel, kein Kreuz, nur ein einfacher Stein mit folgender Inschrift:

Hier ruhen Bela, der Künstler, und seine Schwester.
Möge Gott sich ihrer Seelen erbarmen.

Und so kam es, dass die kostbare Bibel nur bis zur Hälfte illustriert war.
Und Nikita Jurjewitsch Trubetzkoi beließ es dabei.
Der Vorfall hatte sich schnell herumgesprochen. Noch tagelang beschäftigte er die Gemüter der Dienstboten. Alles war so rätselhaft! Warum hatte Bela seine Schwester und danach sich erschossen? Keiner würde es je erfahren. Wassili, der treue Diener der beiden, war längst über alle Berge. Für immer bliebe es ein dunkles Geheimnis.
Nur leise und hinter vorgehaltener Hand stellten sich die Dienstboten auch die Frage, warum der Fürst wohl eine Lüge auf den Grabstein meißeln ließ? Niemand wagte es, diese Frage laut zu stellen, wussten sie doch instinktiv, dass solcherart Zweifel die Autorität ihres Herrn untergruben.

Und noch eine andere Geschichte machte zur gleichen Zeit die Runde:
Sofija, die dicke Köchin mit der Warze am Kinn – Anna mochte die Köchin nicht, da diese immer Speck an die Speisen gab und Anna sich schon beim Geruch von gebratenem, ausgelassenem Speck übergeben musste – diese Sofija also hatte eine Schwester namens Ljubka.
Ljubka lebte in einem Dorf unweit von Moskau. Und ebendiese Ljubka hatte nun ihren Mann ermordet, einfach mit dem Küchenmesser erstochen. Als Sofija die Nachricht erhielt, begann

ein Zetern und Wehklagen, dass es kaum noch zum Aushalten war: „Diese Unselige, solch eine Schande, der Teufel soll sie holen, wie kann sie es nur wagen, wie kann sie uns nur so etwas antun, nein, diese Schande..."

Man hatte Ljubka zur Strafe direkt neben dem Dorfteich bei lebendigem Leibe bis an den Hals in die Erde eingegraben und sie damit einem langsamen und qualvollen Tod ausgesetzt. Dieses alte Gesetz für Gattenmörderinnen kam nur noch selten zur Anwendung.

Der letzte Fall, an den sich die Leute erinnerten, lag ein halbes Jahrhundert zurück.

Auf Anna machten beide Geschichten einen tiefen Eindruck. Das laute Jammern der Köchin verstärkte Annas Abneigung gegen sie. Nicht ein gutes Wort hatte sie für ihre Schwester. Nicht eins. Und keiner fragte nach dem Warum. Und auch ihr Vater hatte mit der Grabinschrift die Wahrheit verschleiert. Doch Anna wagte nicht, ihre Gedanken laut zu äußern. Sie ahnte, dass es zwischen der Frau in der Erde und der Frau mit den Tuschehänden einen Zusammenhang gab, eine geheime Verbindung, für die sie mit ihren fünf Jahren aber noch keine Worte fand.

Die Dokfilmwoche kam. Marina Golny kam nicht. Tamara vertröstete mich auf Ende November, Anfang Dezember: „Marina dreht in Sibirien und die Dreharbeiten haben sich verzögert. Sie ist auch telefonisch gar nicht mehr zu erreichen. Aber sie wird auf jeden Fall noch dieses Jahr nach Berlin kommen, und dann bekommst du dein Buch."

Wieder warten. Nichts hasste ich im Leben so sehr wie Warten. Aber ich konnte eh nichts tun.

Der November war vergangen und auch der Dezember.

Ich hatte aufgehört, Tamara im Drei-Tage-Rhythmus anzurufen.

Vielleicht würde mir ja das Goethe-Institut in St. Petersburg weiterhelfen.

Ich schrieb eine E-Mail, berief mich auf die Lesungen, die ich mit meinem ersten Buch bei den Goethe-Instituten in Finnland, Norwegen und Italien gehalten hatte, schrieb von einem neuen Buchprojekt und bat um Unterstützung. Von Reinkarnation schrieb ich vorsichtshalber erst einmal nichts.

Eine Woche später hatte ich die Antwort auf meinem Bildschirm. Victoria Tschertowskaja, eine Mitarbeiterin des dortigen Goethe-Institutes, hatte für mich zwei Bücher herausgesucht. Einmal die Geschichte des russischen Adels in zwei Bänden von 1991 und die Adelsgentes des Russischen Reiches von 1995. Sie schrieb:

„Beide Bücher sind in der Nationalbibliothek im Lesesaal erhältlich, falls Sie selbst nach St. Petersburg kommen, oder Sie können die Bücher auch über die Fernleihe der Universitätsbibliothek Leipzig bestellen. Es ist auch möglich, bestimmte Seiten als Kopien zu bekommen."

Und freundlicherweise hatte sie mir die entsprechenden Seitenzahlen gleich rausgesucht.
Das Buch, nach dem ich gefragt hatte, war zwar nicht dabei, dafür aber zwei andere.
Eine meiner Kursteilnehmerinnen arbeitete in der Deutschen Bücherei. Ich rief sie sofort an und sie versprach, sich zu kümmern. Sie fand heraus, dass die Bücher auch in der UB[12] Gießen und der UB Göttingen stehen. Leider in der Handbibliothek, und somit kam eine Fernleihe nicht in Frage. Aber vielleicht könnte ich Kopien bekommen von den gewünschten Seiten. Noch zwei Wochen mussten vergehen, dann hatte ich einen großen Umschlag in meinem Briefkasten.
Ich war sehr aufgeregt und wartete mit dem Öffnen bis zum Abend, entkorkte eine Flasche guten Rotweins und begann zu blättern:

Der Stammbaum der Trubetzkois begann im 15. Jahrhundert und reichte bis zum Jahre 1988. Die Abbildungen zeigten alte Gemälde, Porträts und Fotos. Auch Nikita Jurjewitsch Trubetzkoi, der Vater von Anna, war auf einem der Gemälde zu sehen. Er wirkte klein, untersetzt und sehr streng.
In der Stammbaum-Tabelle waren nur Männernamen verzeichnet.
Nicht eine einzige Frau!
Keine Töchter, keine Ehefrauen, keine Mütter!
Unglaublich! Damit hatte ich nicht gerechnet.
Da war es wieder, dieses „Alle Menschen werden Brüder..." Und die Schwestern?

---

[12] Universitätsbibliothek

Wie eine eklige Brühe schwappten Erinnerungen hoch, all die kleinen und großen Beleidigungen, Lügen, Demütigungen, die Gewalt, die Männer mir angetan hatten.

Von wegen verdaut, verarbeitet, verstanden, abgehakt...

Oh, ich kannte diese ganz spezielle Wut. Schon oft in meinem Leben hatte ich sie gespürt, aber seit Jahren hatte sie geschwiegen und jetzt war sie wieder da. Sie stammte aus der Zeit Anfang der achtziger Jahre, als ich begonnen hatte, mich mit dem Feminismus zu beschäftigen.

Ich leitete damals ein Jugendklubhaus und rief eine Veranstaltungsreihe nur für Frauen ins Leben, die ich „Frauenzentrum" nannte. So etwas gab es bisher in der DDR nirgendwo.

Der Zuspruch war enorm, doch ich hatte die „heilige Kuh" verletzt, die das Etikett trug: Die Gleichberechtigung von Frau und Mann ist in der „Entwickelten Sozialistischen Gesellschaft" voll verwirklicht.

Für Frauen gab es den DFD[13] . Und der deckte mit seinem weitgefächerten Programm von Backen, Kochen, Kinderpflege, Stricken, Häkeln bis hin zu solch brennenden Themen wie „Mein Mann ist bei der NVA[14] – was nun?", doch wohl alle Frauenbelange ab – so argumentierten jedenfalls meine Vorgesetzten.

Dieser Versuch, für Frauen einen eigenen, selbstbestimmten, kreativen Raum zu schaffen, endete mit meiner fristlosen Entlassung, einem einjährigen Gerichtsprozess, den ich verlor, dem Zusammenbruch meiner Ehe, zwei Selbstmordversuchen und Landesarrest – ich durfte die DDR nicht mehr verlassen.

Erst am nächsten Morgen nahm ich mir auch die anderen Kopien vor. Zehn engbeschriebene Seiten, natürlich auf Russisch. Und da stand es. Schwarz auf weiß:

Anna
Tochter des Fürsten N. J. Trubetzkoi
Geboren am 9. Oktober 1737
Gestorben am 7. April 1760
Verheiratet mit Alexander Iwanowitsch Naryschkin

---

[13] Demokratischer Frauenbund Deutschlands
[14] Nationale Volksarmee

Jetzt hatte ich die Fürstin wirklich gefunden. Danach hatte ich fast ein Jahr lang gesucht.

Unser Armtest-Ergebnis „geboren 1737" stimmte überein mit dem Text, der vor mir lag.

Da stand nicht 1720 oder 1753, nein, da stand 1737!

Als Sterbedatum war zwar 1760 angegeben und nicht 1792, wie wir mit dem Armtest herausgefunden hatten. Doch darüber machte ich mir keine Sorgen.

Denn 1760 war auch das Jahr, in dem Anna Petersburg verlassen hat und nach Livland gegangen ist – so sagte es jedenfalls der Armtest.

Ich war mir sicher, dass es eine Erklärung geben würde für diesen Umstand.

Egal, zwei Jahreszahlen, die wir per Armtest fixiert hatten, tauchten auch hier wieder auf.

Ich lese weiter und erfahre:

Nastasia Golowkina war die erste Frau des Fürsten Trubetzkoi.

Sie hat ihm fünf Söhne geboren und starb im April 1735.

Im November des gleichen Jahres hat er seine zweite Frau geheiratet, die Fürstin Anna Danilowna.

Und diese zweite Frau ist Annas Mutter.

Ich vertiefe mich in das Porträt der Anna Danilowna: eine bemerkenswert schöne Frau mit traurigen Augen.

Sie schenkt ihrem Mann neun Söhne und fünf Töchter.

Anna ist die erstgeborene Tochter.

Ich hatte mir auch Kopien über das Fürstengeschlecht der Dolgorukis schicken lassen, denn in einem Buch von Jurij Lotman über die Kulturgeschichte des russischen Adels[15] hatte ich Folgendes gefunden:

„Der Fürst Iwan Alexejewitsch Dolgoruki war jung, liebte das lockere Leben und besaß alle Leidenschaften, denen junge Leute unterworfen sind, die keinen Grund haben, diese zu bezwingen. Trunksucht, Üppigkeit, Ehebruch und Gewalt traten an die Stelle der einstigen Ordnung.

[15] Jurij M. Lotman „Rußlands Adel". Eine Kulturgeschichte von Peter I. bis Nikolaus I., Böhlau Verlag, Köln, Weimar, Wien, 1997

Als ein Beispiel, zur Schande jenes Jahrhunderts, nenne ich eine Liaison, oder besser gesagt, er wandte sich unter anderem, um der Unzucht zu frönen, der Gattin des Fürsten Nikita Jurjewitsch Trubetzkoi, Nastasia Golowkina, zu und lebte nicht nur mit ihr in aller Offenheit, sondern trank bei seinen Besuchen bei Fürst Trubetzkoi mit anderen seiner jungen Spießgesellen bis zum Umfallen, schlug und beschimpfte den Gatten, damals Offizier der Kavaliergarde im Rang eines Generalmajors. Und auch ich selbst hörte einmal, daß er diesen gar übel beschimpft hätte und schließlich sogar aus dem Fenster hatte werfen wollen."

Meine Kopien enthielten das Porträt des Fürsten Iwan Alexejewitsch Dolgoruki. Er sah ungewöhnlich aus. Verwegen, dicke Augenbrauen, die bis zu den Schläfen reichten, dazu ein weicher Mund und eine edel geformte große Nase.
Vielleicht konnte ich ja diese Liaison in meinem Text verwenden, auch wenn sie sich lange vor Annas Geburt ereignet hatte. Auf jeden Fall musste diese Demütigung Annas Vater geprägt haben.

Den blauen Salon gab es nicht mehr. Das Blau war einem zarten Altrosa gewichen, auf dem sich bunte Pfauen auf zarten Gräsern tummelten. Die Tapetenmacher in Deutschland waren die Besten, und Fürst Trubetzkoi hatte auf rascher Erledigung seines Auftrages bestanden.
Die Möbel und den Schmuck hatten Peter und Sergej erhalten, zwei Söhne aus seiner ersten Ehe mit Nastasia Golowkina. Drei breit ausladende italienische Brokatsessel, mehrere kleine französische Gobelinstühlchen, einen mannsgroßen, in Bernstein gefassten Spiegel, ein altes Geschmeide, über und über mit Diamanten, Rubinen, Smaragden, Türkisen und Perlen besetzt, sowie mehrere Ringe und Ohrgehänge aus schwerem, purem Gold.
Peter, der in Moskau studierte, war auf mehrere Tage gekommen, und Anna hatte diesen träumerischen, sensiblen jungen Mann gleich in ihr Herz geschlossen. Er war der große Bruder, den sie sich erträumt hatte.

Fürst Peter Nikititsch Trubetzkoi
1724 - 1791

Und Peter war es schließlich auch, der Anna bereitwillig Antwort gab auf ihre Fragen nach der ersten Frau ihres Vaters, seiner Mutter. Über sie zu sprechen, war im Hause Trubetzkoi ein Tabu. Immer wenn Anna einen Vorstoß gemacht hatte, war sie auf eine Mauer des Schweigens gestoßen.

Peter hatte Anna auf einen Spaziergang mitgenommen. Noch war es warm, aber die Blätter der Bäume begannen schon ihre Farbe zu wandeln. Die breite Straße, die zum Zarenpalast führte, war gefüllt mit Marktständen aller Art. Kostbare Stoffe, schwerer Brokat, perlenbestickte Umhänge, Zobelschwänze und Marderfelle, Perserteppiche mit eingewebten Einhornen, Samt und Seide, schillernde Emailleknöpfe und kleine Biberkragen, duftendes Räucherwerk aus China, bunt bemalte Kerzen, glitzernder Schmuck, prächtige Edelsteine und jede Menge Naschwerk, Krapfen, Striezel, Obstkuchen, süße oder scharfe Blinys[16] und Pasteten aller Art. Für die Fastenden waren sie gefüllt mit eingelegten Pilzen und feingeschnittenen Rübchen, für die anderen mit Hasenfleisch, Eiernudeln und gehacktem Rind. Die Pastetenverkäufer, kleine flinke Jungen, kaum älter als Anna, drängten sich mit ihren vor dem Bauch geschnürten Tragbrettern durch die dichte Menge: „Pasteten, feine Pasteten! Knusprig und frisch! Kauft Pasteten! Leute kauft!"

Peter hatte für sich und Anna zwei große warme süße Blinys gekauft. Und in einer ruhigen Ecke hatten sie sich niedergelassen. Ihre Finger waren noch ein wenig fett von dem heißen Öl, und lachend, ohne schlechtes Gewissen, wischten sie sich die Finger an ihrer Kleidung ab.

„Nun erzähl schon!", bat Anna.

„Ich weiß auch nicht viel. Also, meine Mutter hatte eine Liaison mit Fürst Iwan Dolgoruki." Unsicher sah er auf Anna. Doch die nickte: „Ich weiß schon, was eine Liaison ist. Erzähl weiter!"

„Iwan Dolgoruki war ein schöner junger Mann. Er war oft bei uns zu Hause. Oh was hatte er doch für buschige dunkle Augenbrauen - bis zu den Schläfen reichten sie. Und dazu einen mädchenhaften Mund und schmale Augen von großer Klarheit.

---

[16] Eierkuchen

53

Ein rechter Draufgänger, laut und trinkfest. Wenn er mich in die Arme nahm, konnte ich sein Herz spüren, das immer stürmisch klopfte. Ja, ich bewunderte ihn. Er war der beste Tänzer weit und breit. Keiner tanzte die Mazurka so vollendet elegant wie er. Sein Entrachat[17] war in aller Munde. Meine Mutter liebte die Bälle, das Vergnügen, den Luxus, und - sie tanzte für ihr Leben gern Mazurka. Da war Iwan Dolgoruki wohl genau der Richtige für sie. Kannst du dir unseren Vater, so klein und untersetzt wie er ist, beim Mazurkatanzen vorstellen?" Anna kicherte.

„Also weiter, ich war so etwa fünf Jahre alt, als Fürst Dolgoruki heiratete. Und kurz darauf schickten sie ihn nach Beresow, in die Verbannung. Nun war er also plötzlich ein Staatsfeind und keiner sprach mehr von ihm. Meine Mutter hatte sich seit dem Tag seiner Verhaftung zunehmend verändert. Oft sperrte sie sich tagelang in ihrem blauen Salon ein und begann wirres Zeug zu reden. Ich muss so zehn oder elf gewesen sein, als sie starb. Ich war sehr traurig damals, denn ich liebte sie sehr, sie war schön und immer fröhlich, bis auf die letzten Jahre. Aus heutiger Sicht würde ich denken, sie ist an gebrochenem Herzen gestorben. Iwan war halt ihre große Liebe."

Anna zuckte zusammen. Hier war es wieder, dieses Wort „große Liebe".

„Und Fürst Dolgoruki, kam er wieder frei?"

„Aber nein, er nahm ein trauriges Ende. Er hat auch in Sibirien weiter den Helden gespielt, gezecht, geprasst und geplaudert, und natürlich redete und spottete er auch über die Zarin Anna Ioanowna und natürlich fanden sich Leute, die ihn denunzierten. Man sperrte ihn in ein feuchtes Erdverlies, kettete ihn mit Händen und Füßen an die Mauer und folterte grausam. Im November des Jahres 1739 fand er sein Ende. Ein schlimmes Ende. Erst 31 Jahre alt. Gut für Mutter, dass sie da schon lange tot war."

---

[17] Ein schwieriger Sprung, bei dem ein Fuß dreimal gegen den anderen schlägt, während der Körper sich noch in der Luft befindet.

Fürst Iwan Alexejewitsch Dolgoruki
1708 - 1739

„Sehr schlimm?", fragte Anna. „War sein Ende sehr schlimm?" Peter antwortete nicht sogleich und Anna blickte verwundert zu ihm hoch. Sie sah eine Träne, die sich gelöst hatte und gerade auf seinem Kragen einen kleinen dunklen Fleck hinterließ. „Peter, du weinst ja?"

„Ja, aber frag nicht, warum. Diese verdammte Traurigkeit überfällt mich immer, wenn die Rede auf Iwan Dolgoruki kommt, ich kann nichts dagegen tun. Sie haben ihn im Sumpf von Nishni Nowgorod hingerichtet. Gevierteilt. Nacheinander. Das rechte Bein. Der linke Arm. Das linke Bein. Der rechte Arm. Zum Schluss schlugen sie ihm den Kopf ab.

Erst neulich, in Moskau, hörte ich von Natalja Scheremetjewa. Das war die Frau, die er geheiratet hatte. Sie war mit ihm in der Verbannung. Zwei Kinder hat sie ihm dort geboren und erst vor kurzem, vor ein oder zwei Jahren, nach dem Tod unserer Zarin Anna Ioanowna, hatte man ihr gestattet, aus dem feuchten Beresow zurückzukehren. Sie hat die ganzen Jahre gehofft und gewartet auf die Rückkehr ihres Mannes, dabei waren seine zerhackten Glieder längst im Sumpf vermodert. Man sagte mir, sie trage sich mit dem Gedanken, in ein Kloster zu gehen."

Auf Annas Arm ließ sich ein Schmetterling nieder. Tiefblau, mit roten und schwarzen Punkten. So nah und doch unberührbar. Denn ihn zu streicheln, würde seinen Tod bedeuten. Und als ahnte er ihre Gedanken, erhob er sich wieder in die Lüfte.

Im Februar treffe ich mich wieder mit Bianca.
Ich hatte mir vorgenommen, einfach mal auszutesten, ob mein Durchfall nicht auch mit meinem damaligen Leben als Fürstin zusammenhing. Diese Vermutung war lange in mir gewachsen und dann erschien es plötzlich ganz logisch – klar, alles hängt immer an einem Faden. Warum bin ich nicht schon eher darauf gekommen?
„Ich habe eine Idee zu deinem Durchfall", begrüßt Bianca mich. „Aber ich will noch nichts dazu sagen. Lass uns erst fragen, ob es sich so verhält."
Ich strecke meinen Arm aus und sie testet stumm: „Ja, dein Durchfall hat

seine Ursache in diesem Leben vor 300 Jahren. Du bist besetzt von der Energie deines damaligen Ehemannes. Er hat dich verflucht."

Erwartungsvoll blicke ich sie an.

„Ich bin in einer Meditation darauf gekommen. Möchtest du, dass wir daran arbeiten, und die Besetzung auflösen?"

Klar wollte ich. Ist schon verrückt. Da hatten wir beide zur gleichen Zeit eine ähnliche Idee. Ich spüre Hochachtung vor ihr. Welcher Arzt würde das wohl tun? Sich hinsetzen und meditieren und die Schöpferkraft um einen Hinweis bitten für einen Fall, der in der Stockung ist?

Als Erstes finden wir nach langem Fragen heraus, was der Kern des Fluches war, den Annas Ehemann über sie verhängt hatte: „Du wirst immer zu mir gehören!"

Hintergrund ist seine verletzte Eitelkeit, Annas Liebesbeziehung zu dem Priester, die beiden Kinder, deren Vater er nicht ist und natürlich – dass Anna ihn verlassen hat.

„Es ist gut, wenn du dir für die Trance Helferwesen mitnimmst. Ich habe die Energie gesehen. Sie ist sehr mächtig. Kann sein, dass du es alleine nicht schaffst. Fällt dir jemand ein?"

Ich nicke. Michael, Gabriel und Rafael, die drei Erzengel, sie sind mir vertraut. Ich hatte Kontakt zu ihnen bekommen während meiner Ausbildung in „Drei-Strahlen-Meditation", und schon oft hatte ich ihre Hilfe und Kraft gespürt. „Gut, dann leg dich hin!"

Trance, Biancas Stimme: „Die Energie soll sich zeigen!"

Ein Keller. Ich sehe Lumpen in einer Ecke liegen. Bei näherem Hinsehen eine große Gestalt. Eingehüllt in einen langen schwarzen Mantel. Die Kapuze übers Gesicht gezogen. Ein Mann. Seine Zähne sind gelb. Er grinst, lacht mich aus und wendet sein Gesicht wieder ab.

Bianca: „Frag ihn, ob du etwas für ihn tun kannst."

„Gib mir Brot!", sagt die dunkle Gestalt. Und ich gebe ihm Brot. Gierig verschlingt er alles, unersättlich, verlangt mehr. Doch ich habe kein Brot mehr. „Dann bring mir Wein!" Ich schleppe ein großes, hölzernes Fass herbei. Er setzt es an und schüttet alles in sich hinein. Bianca: „Sag ihm, dass du jetzt verhandeln willst."

Wir sitzen uns gegenüber, an einem niedrigen Tisch aus Stein. Er will würfeln, um mich spielen, schüttelt den Becher.

Bianca: „Sag ihm, er soll dich gehen lassen, damit er selbst frei ist."
Der Mann lacht höhnisch auf: „Oh nein, es ist so bequem, von dir genährt zu werden. Warum sollte ich das aufgeben? Warum sollte ich dich freigeben?" Ich: „Aber du kannst doch selbst für Brot und Wein sorgen, bist groß und stark." Er: „Nein, ich will nicht, so ist es viel bequemer." Und wieder lacht er sein lautes Lachen. Ich bin verzweifelt, an ihn ist kein Rankommen.

„Deine Helfer", sagt Bianca leise.

Ich bitte die Engel um Hilfe. Sie treten hinter ihn. Berühren ihn. Nichts. Erst nach einer Weile, einer hartnäckigen Weile, sinkt sein Kopf auf seine Arme, die auf dem Tisch liegen, und er heult los. Es ist herzzerreißend. Ich kann ihn doch in diesem Zustand nicht allein lassen. Jetzt bin ich es, die nicht gehen will. Das Furchteinflößende ist allerdings weg. Ich spüre Mitgefühl.

„Du kannst jetzt gehen", flüstert Bianca.

Ich stehe wie angewurzelt. Sehe zu, wie die Engel ihn aufrichten, stützen, und wie sie mit ihm rausgehen. Erst jetzt verlasse auch ich den Keller. Zwei geöffnete Türen. Er ging rechts hinaus, ich links. Immer wieder drehe ich mich nach ihm um. Doch er wendet keinen Blick zurück. In Begleitung der Engel verschwindet er aus meinem Gesichtskreis. Fast wünschte ich, dass er umkehrt.

Als könnte Bianca meine Gedanken lesen, sagt sie leise: „Ihr könnt euch wieder begegnen. Aber dann als freie Menschen. Ohne Abhängigkeit."

Als ich wieder aufstehe, ist alles leicht und gelöst. Jetzt erzählt Bianca auch, was sie in ihrer Meditation gesehen hat: Eine Energie, sehr groß, sehr dunkel, sehr angstmachend. Und sie hat gesehen, dass sie damals mein Kind war, meine Tochter. Sie ist verwoben in die Geschichte. Und dann fällt ihr noch ein, dass ihr Vater in Kriegsgefangenschaft in Riga war, und dass seine russische oder lettische Freundin ihm damals einen Siegelring geschenkt hat, und dass dieser Siegelring das Lieblingsspielzeug ihrer Kindheit war. Bis zu diesem Moment hatte sie das völlig vergessen. „Vielleicht gibt es diesen Ring ja noch. Ich werde nach ihm suchen."

Erst zu Hause bemerke ich die Symbolik von Brot und Wein. Der Ehemann war kein Priester, doch er wollte die „Nahrung" der Priester.

Er wollte, dass ich ihn mit Brot und Wein nähre. Und das habe ich offenbar auch lange getan. Doch jetzt kann jeder seinen eigenen Weg gehen. Der Fluch ist gebrochen. Wir sind beide frei. Eine Woche! lang habe ich keinen Durchfall. Bin befreit von Druck. Dann wird nach und nach alles wie vorher. Ich weiß, dass chronische Geschichten, die seit Jahren existieren, nicht so schnell wieder verschwinden. In einem langen Prozess haben sie sich entwickelt, haben sich materialisiert, und es braucht Zeit und Geduld und innere Arbeit, um sie wieder aufzulösen. Doch ich fühle, dass ich auf dem richtigen Weg bin.

Und endlich frage ich auch das I GING[18], meinen besten Freund: „Liebes I Ging, bitte sage mir, warum diese Fürstin in mein jetziges Leben gekommen ist?" Ich werfe die Münzen und erhalte, ohne sich wandelnde Linien, das Zeichen „BI – Das Zusammenhalten":

Das Urteil

Das Zusammenhalten bringt Heil.
Ergründe das Orakel nochmals,
ob du Erhabenheit, Dauer und Beharrlichkeit hast;
dann ist kein Makel da.
Die Unsicheren kommen allmählich herbei.
Wer zu spät kommt, hat Unheil.

„Es handelt sich darum, dass man sich mit anderen zusammentut, um durch den Zusammenhalt sich gegenseitig zu ergänzen und zu fördern. Für einen solchen Zusammenhalt muss ein Mittelpunkt da sein, um den sich die anderen scharen. Mittelpunkt für das Zusammenhalten von Menschen zu werden, ist eine schwere Sache mit großer Verantwortung. Es bedarf innerlicher Größe, Konsequenz und Kraft dazu. Darum prüfe sich selbst, wer andere um sich vereinigen will, ob er der Sache gewachsen ist; denn wer andere um sich sammeln will ohne das Siegel des Berufenen, der richtet mehr Verwirrung an, als wenn kein Zusammenschluss stattgefunden hätte.

---

[18] Das „Buch der Wandlungen" (chinesisch „I Ging") ist das älteste Buch der Menschheit. Es dient als Weisheits- und Orakelbuch.

Wo aber ein wirklicher Sammlungspunkt vorhanden ist, da kommen die Unsicheren, anfangs noch Zögernden, allmählich von selbst herbei. Die, die zu spät kommen, haben selbst den Schaden davon. Denn es handelt sich auch beim Zusammenhalten um die richtige Zeit. Beziehungen knüpfen und festigen sich nach bestimmten inneren Gesetzen. Gemeinsame Erlebnisse festigen sie, und wer zu spät kommt und nicht mehr teilnehmen kann an diesen grundlegenden gemeinsamen Erfahrungen, der hat darunter zu leiden, wenn er als Nachzügler die Tür verschlossen findet. Wer aber die Notwendigkeit des Zusammenschlusses erkannt hat und nicht die Kraft in sich fühlt, als Mittelpunkt des Zusammenhaltens zu wirken, der hat die Pflicht, sich einer anderen organischen Gemeinschaft anzuschließen."

Ich denke an meine Arbeit, an mein YinYang-Zentrum, ich denke an Gorbatschow. Aber so richtig kann ich das Orakel nicht deuten, verstehe es nicht. Doch das kenne ich schon. Bei Alltagsfragen, kleinen Dingen, gibt das I Ging mir meist bereitwillig eine klare Antwort. Aber bei existenziellen Fragen, oder Fragen, die einen längeren Zeitraum betreffen (zum Beispiel werfe ich für jedes Jahr am 1. Januar mein Jahresorakel), ist es so, dass sich die Deutung erst in der Rückschau ergibt. Erst dann das innere Nicken – ach so war das gemeint, alles klar, jetzt verstehe ich, wie weise...Und darauf vertraue ich. Auch hier wird es so sein.

Anfang des Jahrhunderts hatte Peter der Große in einem Ukas[19] angeordnet, dass allen adligen jungen Mädchen, die des Lesens und Schreibens unkundig waren, die kirchliche Trauung versagt sei. Seit Anna sechs war, hatte ihr Vater die zwei Tage, an denen sie mit den Kindern der Bediensteten spielen durfte, gestrichen. Zum Lesen-, Schreiben- und Rechnenlernen bei Maria Antonowna waren nun noch Tanz- und Sprachunterricht hinzugekommen, sowie die intensive Beschäftigung mit der Heiligen Schrift. Die morgendlichen Ausritte mit Sascha waren geblieben, der Rest der Tage aber war streng unterteilt.

---

[19] Verordnung, Gesetz

Dreimal in der Woche Tanzunterricht bei Monsieur Valmont. Dieser französische Tanzlehrer entstammte einem alten Zirkusgeschlecht und entgegen den Regeln trug er nie eine Perücke, sondern einen langen, hinten gebundenen Zopf. Die Kinder nannten ihn den „Chinesen", weil er mehrere Jahre China bereist hatte. Walzer, Menuett, Mazurka – wie elegant und spielerisch leicht er seine Schritte setzte. Tanz war sein Leben und es gelang ihm, die Mädchen mit seiner Begeisterung anzustecken. Der ganze Schwarm weißgekleideter adliger junger Mädchen war in ihn verliebt und auch Anna machte da keine Ausnahme.

Montags und mittwochs, jeweils drei Stunden „Die Heilige Schrift" bei Pater Andrej. Und Deutsch, Französisch und Latein täglich jeweils eine Stunde.

Anna fiel das Lernen leicht, doch manchmal dachte sie mit Wehmut an die Spiele mit den Kindern im Park, das Haschen, das Verstecken, das Hüpfen und Springen, die Ballspiele, das Singen und Tanzen und Lachen. Wie oft hatten sie einander bei den Händen gefasst, den Kopf weit nach hinten gelehnt, in den blauen Himmel geschaut und gerufen: „Erst die Mühle, dann die Stühle, dann der Wind und dann geschwind!"

Und dann hatten sie sich gedreht, schnell und schneller, bis zum Umfallen. Doch auch die Kinder der Bediensteten, mit denen sie immer gespielt hatte, hatten jetzt andere Aufgaben, arbeiteten wie die Erwachsenen. Und wenn Anna eines von ihnen sah, verneigten sich die Kinder stumm vor ihr und senkten die Augen.

Das Fest! Bald schon würde das Fest sein. Anna freute sich so darauf. Am 21. Dezember jeden Jahres wurde die Wintersonnenwende in Petersburg mit großem Pomp begangen. Anna war inzwischen sieben und durfte zum ersten Mal bis spät in die Nacht aufbleiben, bis zum Höhepunkt, dem Feuerwerk um Mitternacht. Es war ein kalter, frostiger Tag. Hin und wieder schien die Sonne. Der Winter hatte die Flüsse und Kanäle fest im Eis gefangen genommen. An einigen Stellen konnte man noch bunte Herbstblätter sehen, Zeugen einer vergangenen Zeit, auch sie gefangen im Eis, wie wertvolle filigrane Schmuckstücke unter einer dicken Glasscheibe. Die Brückengeländer, die Zäune der Gärten und die Balkongitter waren von glitzerndem Raureif überzogen.

Gegenüber dem Winterpalais hatte man meterhohe Eisberge aufgefahren. Schon tagelang waren die Arbeiter mit ihren Eispickeln am Werk. Der Schweiß rann ihnen von der Stirn, während sie mit großer Wucht auf die Eisblöcke einschlugen. Und wie von Zauberhand entstand unter ihren Händen eine Stadt aus Eis, mit allem, was dazugehörte. Funkelnde Paläste, Skulpturen, Bäume, Tiere, ja sogar Menschen. Staunend schritt Anna durch diese weiße, prachtvolle, kalte Stadt. Die Eissäulen glitzerten und strahlten, wie von einem inneren Licht erleuchtet.

Peter war aus Moskau angereist, und er hatte für Anna rote kandierte Äpfel gekauft. Bei einem Ikonenmaler, der seine Heiligenbilder zum Verkauf anbot, blieben sie stehen. Neben ihm saß ein „Bistro-chudoschnik[20]". Sein Pinsel flog so rasch über das Papier, dass die Augen kaum folgen konnten. Mit leichter Hand tupfte er die Aquarellfarben auf das Pergament, und so entstanden die schönsten Porträts. „Nicht bewegen! Stillehalten!", rief er der dicken Dame zu, die unruhig begonnen hatte, von einem Bein auf das andere zu treten. „Es ist gleich vollbracht! Voilà!" – und mit einem galanten Schwung überreichte er der Dame sein Werk. Lächelnd hielt er Ausschau nach neuer Kundschaft. „Peter, bitte...", flüsterte Anna ihrem Bruder zu. „Nu wot, skolko stoit?[21]", rief dieser und ging auf den Künstler zu. Er reichte ihm drei Kopeken und Anna stellte sich in Positur. Breitbeinig, den rechten Arm, der den roten Kandisapfel hielt, schräg nach vorn gestreckt, wie eine Fahne, die zur Schlacht ruft. Ein kurzer, prüfender Blick und schon begann der Maler mit seiner Arbeit. Worauf hatte sie sich da eingelassen? Schon nach einer Minute begann ihr Arm in seiner ungewohnten Lage zu schmerzen, und nach einer weiteren Minute Stillstehen zwickte der Frost an ihren Fingern und Zehen.

---

[20] Schnellzeichner
[21] Na, was kostet das?

Anna versuchte weiter ein fröhliches Gesicht zu zeigen. Peter bemerkte ihren stillen Kampf. Nach etwa acht Minuten war das Bild fertig. Anna hatte tapfer durchgehalten. „Njet chuda bjes dobra![22]" – lächelnd übergab der Künstler Anna das Porträt. Auch er hatte ihren inneren Kampf sehr wohl wahrgenommen. Das Bild zeigte eine starke, selbstbewusste Anna. Sie wirkte darauf fast schon ein bisschen erwachsen. Der lange Pelzmantel reichte bis zum Boden, ließ jedoch den Blick frei auf ihre festen, derben Stiefel, mit denen sie sicher auf dem bläulich schimmernden Eis stand. Das Gesicht zeigte eine Mischung aus Trotz und Stolz, und der Apfel in ihrer Hand leuchtete wie ein rotes Herz. „Bolschoje spasibo![23]" Anna verbeugte sich vor dem Maler.

„Gib her, ich werde es für dich tragen." Peter ließ das Bild einschlagen und klemmte es unter seinen Arm.

Weiter unten, an der Spitze der Wassili-Insel, da, wo die Newa besonders breit ist, befand sich das Hippodrom. Das Pferderennen war bereits in vollem Gange. Gerade wurde der zweite Start ausgerufen. Anna entdeckte Sascha, der gerade versuchte, den unruhig tänzelnden Arslan, eine mongolische Stute aus dem Gestüt der Trubetzkois, in die Startbox zu schieben. Anna und Peter drängten zur Zieltribüne. „Lauf, Arslan, lauf!" Sie feuerten das Pferd an, so laut sie konnten. Doch Arslan wurde diesmal nur Vierter.

Mit Einbruch der Dämmerung war das Pferderennen beendet. Und als hätten die Wolken nur auf diesen Moment gewartet, begannen sie, feinen weißen Neuschnee rieseln zu lassen, der die Straßen im Nu bedeckte.

Der Platz vor dem Zarenpalast begann sich zu füllen. Reich geschmückte Schlitten und prächtige Kutschen auf Kufen fuhren vor. Dampf stieg aus den Nüstern der Apelschimmel, Hengste wieherten laut und scharrten aufgeregt im Schnee, manche Pferde trugen riesige Federbüsche auf ihren Köpfen und die perlenbesetzten Troddeln ihres Samtgeschirrs reichten bis zum Boden.

---

[22] Jedes Unglück birgt sein Gutes!

[23] Dankeschön

An manchen Troddeln hingen kleine Glöckchen, die mit leisem zarten Läuten über den Schnee strichen und ihn mal dahin fegten und mal dorthin.

Ganz Petersburg traf sich hier, zum Winterball der Zarin Elisabeth. Auch Annas Eltern waren geladen. Sascha hatte Arslan nach dem Rennen wieder in den Stall gebracht und spannte nun die Kutsche an, die seine Herrschaft zum Ball bringen sollte. Vier prächtige braune Pferde, bunt geschmückt, wie die Pfauen. Auch Peter war nach Hause gegangen, um zu speisen und sich umzukleiden für den Höhepunkt der Nacht, das Feuerwerk. Anna hatte lange gebettelt und gefleht, doch hier bleiben zu dürfen. Sie wollte sich satt sehen an den Garderoben und dem Schmuck der Damen, die aus den Kutschen stiegen und am Arm ihrer Männer die breite Treppe zum Saal hinaufstiegen. Welch wunderbares Schauspiel!

Anna hatte fest versprochen, an der vereinbarten Stelle auf Peter zu warten und sie hielt sich auch getreulich an ihre Versprechung. Die Menge auf dem Vorhof wuchs stetig an. Wer nicht zum Ball geladen war, wollte wenigstens das Feuerwerk sehen. Das Volk starrte und gaffte, und manch einem blieb vor Staunen der Mund offen stehen ob der Pracht, die sich seinen Augen bot.

„Hier bist du ja", Peter drückte Anna ein gebratenes Hühnchen in die Hand. „Damit du nicht verhungerst." Auch Sascha, der seine Herrschaft hierher begleitet hatte, gesellte sich zu ihnen. Seine Aufgabe war es, sich um die Pferde zu kümmern und sie ruhig zu halten, während drinnen das Fest im vollen Gange war und draußen die Menge immer dichter wurde.

Anna Danilowna trug ein dunkelblaues Kleid aus chinesischer Seide. Die langen weiten Ärmel waren mit goldenen Ornamenten bestickt und der Biberpelz, der sich leicht um ihren Hals schmiegte, funkelte und sprühte vom Glanz der Diamanten, mit denen er besetzt war. Nachdem sie beim Oberzeremonienmeister, dem Grafen Santi, ein Tischlos gezogen hatte, ging sie in den Speisesaal. Ihr gegenüber hatte L´Estocq Platz genommen, der Leibarzt der Zarin Elisabeth.

Er lächelte ihr zu, verbeugte sich leicht, doch seine Augen blieben kalt. Sie erinnerte sich genau. Im Frühjahr war sie plötzlich krank geworden. Wohl ein Dutzend Ärzte hatte sich um sie bemüht, alle waren sie gekommen, der Neffe des großen Boerhaave, Guyon und Sanchez, der Grieche Kondoidi, die Chirurgen Tousadier und Werre, L'Estocq und der Deutsche Johann Jakob Lerche aus Halle, der gerade vom Finnlandfeldzug gegen die Schweden zurückgekehrt war. Alle lobten Lerche, der den ganzen Feldzug als Chef des Sanitätswesens mitgemacht hatte.

Als L'Estocq ihr einen doppelseitigen Aderlass ansetzen wollte, war Lerche dazwischengegangen. Er hatte verlangt, dass sie sich entleere und mit dem Uringlas in der Hand stellte sich Lerche vor eine brennende Kerze und diagnostizierte aus der schäumenden Brühe, die eine ziegelrote Substanz absetzte, Wechselfieber. Lerche hatte ihr Chinin verordnet, das Wundermittel seines Lehrers Friedrich Hoffmann, des Leibarztes des preußischen Königs. Und schon nach sechs Tagen war sie wieder gesund und munter.

L'Estocq stocherte missmutig in seinem Braten. Keiner der Anwesenden hatte damals auch nur ein Wort über seine offensichtliche Niederlage verloren, aber er war überzeugt davon, dass sie sich hinter seinem Rücken über ihn lustig machten, und auch der Fürstin Trubetzkoi war er seither aus dem Weg gegangen.[24]

Endlich wurde die Tafel aufgelöst. Der Ball begann. Anna Danilowna suchte einen ruhigen, geschützten Platz am Fenster. Nach Tanzen war ihr nicht zumute.

Graf Münnich hatte ihr aus Sibirien eine Nachricht zukommen lassen. Weiß der Teufel, wie er das geschafft hat. Es geht ihm gut, er ist mit der Ausarbeitung eines Reformplanes für Russland beschäftigt, er denkt an sie und er erkundigt sich nach dem Wohlergehen seiner Kinder, insbesondere fragt er nach Anna und er wünscht, dass sie eine exzellente Ausbildung erhält.

Sie hatte den Brief sofort verbrannt. Wenn er in die falschen Hände geriete...

---

[24] Episode aus: Michael Pantenius „Im Dienste der Zarin". Die Abenteuer eines deutschen Arztes im alten Rußland, Verlag Neues Leben, Berlin, 1991

Fürstin Anna Danilowna Trubetzkaja
um 1710 - um 1780

„Wie lange noch?", drängelte Anna. „Ich will endlich das große Feuerwerk sehen."

Schon liefen kleine Flämmchen, von einer Zündschnur in Brand gesteckt, von Baum zu Baum.

„Bald ist es soweit. Es kann nicht mehr lange dauern. Hab noch etwas Geduld. Ich sehe nur noch einmal nach den Braunen und bin gleich wieder zurück", sagte Sascha und entfernte sich.

Anna streichelte den Kopf des schwarzen Pferdes, das dicht hinter ihr stand. „Na du Schwarzer, gefällt es dir hier?" Die Unruhe der Menge schien sich auf das Pferd übertragen zu haben. Seine Ohren zuckten und sein Schweif schlug heftig aus.

Das Krachen, das nun folgte, war so gewaltig, dass Anna sich die Ohren zuhalten musste. Zwölf Böllerschüsse kündigten das Feuerwerk an. Raketen stiegen in den Himmel, Feuerräder drehten sich, Kaskaden spuckten Feuer wie zehnköpfige Drachen, Pulverdampf lag in der Luft. Die Menge jubelte. Das schwarze Pferd jedoch war durch nichts mehr aufzuhalten. Laut wiehernd bäumte es sich auf und ging durch. Peter versuchte noch, in die Zügel zu fassen, doch er wurde beiseite geschleudert.

Die Räder der Kutsche hatten Anna erfasst. Bewusstlos lag sie am Boden. Die Umstehenden schrieen und drängten: „Zu Hilfe, holt einen Arzt, zu Hilfe, wir müssen das Blut stillen, schnell, einen Arzt…" Vorsichtig, auf einer Trage, hatte man sie nach Hause gebracht.

Anna Danilowna stand am Fenster des Ballsaales und blickte nach draußen, in die Nacht. Irgendwo dort, unter den vielen Menschen, musste auch Anna sein. Nur widerwillig und nach langem Hin und Her hatte sie ihre Zustimmung zu dem nächtlichen Ausflug gegeben. Das Kind war erst sieben und sie hatte kein gutes Gefühl dabei. Aber Anna hatte gebettelt und Peter beruhigte sie schließlich: „Ich bin doch dabei. Ich passe schon auf sie auf."

Unten war Bewegung in die Menge gekommen. Irgendjemand schrie nach einem Arzt. Fürst Nikita Jurjewitsch Trubetzkoi war neben seine Frau getreten. Besitzergreifend hatte er den Arm um ihre Schulter gelegt.

Sie spürte den Arm, der schwer auf ihr lastete, und sie konnte kaum dem Impuls widerstehen, diesen Arm ruckartig abzustreifen, diesen Arm, der sie anekelte, der sie niederdrückte und lähmte, diese Hand, die das Todesurteil für Münnich unterzeichnet hatte, das dann doch noch in Verbannung umgewandelt wurde. Doch sie blieb stehen. Gemeinsam schauten sie in den funkelnden Himmel, an dem mit lautem Geknatter hunderte Feuerschlangen zerplatzten.

Als ich dreißig war, stand ich zum ersten Mal auf der Bühne. Ich hatte eine freie Theatergruppe gegründet und die Premiere von Slawomir Mrozeks „Auf hoher See" war ein großer Erfolg. Ich wollte Theaterspielen nicht um der hohen Kunst willen, sondern aus einem ganz banalen Grund: Ich wollte lernen, ohne weiche und zitternde Knie vor einer großen Menschenmasse zu stehen. Eine Art Eigentherapie gegen das Aufgeregtsein.

Als ich den Saal verließ, stand im Vorraum ein junger Mann, den ich schon ein paarmal gesehen hatte, er musste irgendwo bei mir in der Nähe wohnen. Aus meiner Hochstimmung heraus rief ich ihm zu: „Mit dir will ich heute noch tanzen!" Die Premierenfeier ging bis spät in die Nacht, den jungen Mann hatte ich vergessen. Erst beim Aufbruch sah ich ihn wieder. Er hatte auf mich gewartet. Wir nahmen zusammen ein Taxi, und er kam noch mit zu mir.

Wir saßen auf dem Teppich und redeten, bis es hell wurde. So etwas hatte ich noch nie erlebt. So viel Heiterkeit, Leichtigkeit, Spielfreude und Offenheit. Ich bewunderte ihn. Dass er sechzehn war und ich dreißig, war eher für mich ein Problem, er lachte darüber. Das Sonderbare an unserer Beziehung war, dass ich mich immer gleichberechtigt gefühlt habe. Ich konnte von Pascal eine Menge lernen, und die Fragen, die er stellte, ließen mich die Welt neu entdecken.

Er war für mich da und konnte stundenlang zuhören. Er saß an meinem Bett, erzählte Märchen, die ihm gerade einfielen, und erst wenn ich eingeschlafen war, verließ er die Wohnung. Waren meine Hände schmutzig, so trat er neben mich, schäumte sie mit Seife ein, wusch sie gründlich sauber und frottierte sie ab. Wie ein Vater.

Wir brauchten keine Verabredung. Wenn es an der Zeit war uns zu treffen, so verließ ich das Haus und mit schlafwandlerischer Sicherheit begegneten wir uns. Ihm ging es genauso. Wir waren verbunden durch ein Band, das nicht von dieser Welt schien, wir freuten uns daran und staunten, wie über ein Wunder.

Auch später dann, als wir nicht mehr miteinander schliefen, blieb diese enge Bindung bestehen. Wir waren füreinander die wichtigsten Menschen, und unsere jeweiligen Partner mussten das akzeptieren. Wenn nicht, war es ein Trennungsgrund.

Fast unmerklich wandelte sich unsere Beziehung. Pascal nahm immer mehr Drogen, wurde unzuverlässig, haderte mit sich und der Welt, erwartete von mir Lösungen.

Obwohl jung und talentiert – er war ein begnadeter Trommler – hatte er mit Mitte Zwanzig noch nicht einmal gearbeitet. Die Sozialhilfe, die er bekam, war mehr, als ich monatlich verdiente – und ich arbeitete dafür jeden Tag und hatte noch dazu zwei Kinder. Er lebte in den Tag hinein, stundenlang konnte er sich über das Lustprinzip auslassen: ... ich mache nur, was mir Spaß macht, nein, ich kann dir nicht versprechen, morgen um zehn bei dir zu sein, weil ich nicht weiß, worauf ich morgen früh um zehn Lust haben werde, wenn ich mich auf etwas festlege, werde ich unfrei...

Ich wusste nicht, wo mir vor Arbeit der Kopf stand, und er lamentierte über die Langweiligkeit und Sinnlosigkeit des Lebens. Damit seine Sozialhilfe weiter verlängert wird und er nicht zu irgendeiner Arbeit verpflichtet werden kann, schrieb ich für das Sozialamt einen Brief, dass er bei mir ein einjähriges unbezahltes Praktikum macht.

Ich wünschte ihn mir als guten Geist, der sich um die Werbung kümmert, ab und zu meine Füße massiert und für mich kocht, der in meinen Kursen trommelt, der bei den Wochenend-Seminaren die Teekannen füllt und der mir eine Rückmeldung gibt über die Qualität meines Unterrichts – dafür sollte er regelmäßig an einigen Kursen teilnehmen – kostenlos versteht sich.

Liebe macht blind. Nichts, aber auch gar nichts von meinen Wünschen hat sich erfüllt. Ich war nur noch am Geben. Er war nur noch am Nehmen. Eine Kleinigkeit – er gratulierte mir nicht zum Geburtstag – brachte das Fass zum Überlaufen. Ich war verletzt, wütend, sauer und machte den endgültigen Schnitt: „Geh! Ich will dich nie mehr wieder sehen!"

Ich habe Jahre gebraucht, um mich von ihm zu lösen und um zu verstehen, was ich von ihm lernen sollte: Lustprinzip kontra Pflicht. Er war der Spiegel, der mir sagen wollte: „Hej, schalt auch mal ab, sei spontan, definiere dich nicht über Arbeit und Leistung, freu dich, nimm nicht alles so ernst, das Leben ist auch ein Spiel..."

Als er dann vor mir steht und wir uns lange ansehen und umarmen, ist es, als habe es die Jahre der Trennung nie gegeben. Es ist wunderbar, ich finde gar kein anderes Wort, einfach wunderbar. Viel gibt es zu erzählen. Er hat inzwischen seinen Weg gefunden, ist weg von den Drogen, macht Musik, gibt Trommelunterricht und kann sogar davon leben. Die Haut auf seinen Armen, die immer von Neurodermitis zerfressen war, ist glatt und frisch. „Wie hast du denn das hingekriegt?", frage ich ihn. „Nichts, ich habe gar nichts gemacht. Plötzlich war es weg." Einer Eingebung folgend hake ich nach, ob er sich noch an den Zeitpunkt erinnern kann. Und siehe da, es ist die gleiche Zeit, da mein rotes Mal auf der Stirn für immer verschwand. Ich erzähle ihm von der Fürstin, berichte alles, was ich bis dahin in Erfahrung gebracht habe, und als er dann sagt: „Wir kennen uns bestimmt auch schon aus vielen anderen Leben", da können wir der Versuchung nicht widerstehen und beginnen mit dem Armtest:

Ja, wir kennen uns aus diesem Leben vor fast 300 Jahren.
Er war damals ein Mann.
Er war mein Vater.

Wir fallen uns in die Arme und unsere Tränen vermischen sich. Er streicht über mein Haar. Seine Väterlichkeit, die mich immer schon so angerührt hat...
Ich zeige ihm das Porträt von Nikita Jurjewitsch Trubetzkoi. Wir müssen beide lachen, unähnlicher können sich zwei Menschen nicht sein. Und doch sind sie auf einer bestimmten Ebene eins. Und so ist es vielleicht mit allen Menschen.
Wir gehen noch zusammen essen in die „Gohliser Wirtschaft" – richtige, von Hand geriebene Kartoffelpuffer, mein Lieblingsgericht. Wir wirken auf die Kellnerin wie ein Liebespaar, das sich wieder und wieder berühren muss. Und wir haben unseren Spaß daran, dass hier nicht die ältere Frau

und ihr junger Geliebter sitzen, sondern Vater und Tochter, die sich endlich wiedergefunden haben.

*T*ief einatmen! Ganz tief einatmen!" Der Klang der Stimme hatte etwas Beruhigendes, und so erschrak Anna auch nicht, als eine kühle Salbe auf ihre Stirn gestrichen wurde. „Ich lege dein Leben in Gottes Hand." Nach diesen letzten Worten Pater Andrejs wurde es ganz still im Raum. Alle schienen den Atem anzuhalten. Anna öffnete langsam die Augen, sah verschwommene Konturen, flackerndes Licht. „Schlaf, mein Kind, du wirst leben." Pater Andrej strich sanft über ihre Hand und rückwärts gehend, den Blick nicht von ihr lassend, bedeutete er den Anwesenden, sie mögen gleich ihm den Raum verlassen.
Fünf Tage hatte Anna bewusstlos gelegen. Man hatte Pater Andrej kommen lassen. Um ein Wunder zu wirken. Vielleicht gab es noch Hoffnung. Viele Legenden rankten sich um den „Balsam der Priester". Es war genau jene Salbe, die Anna kühl und pulsierend auf ihrer Stirn spürte. Eine alte Rezeptur, nur wenigen Eingeweihten zugänglich und als Geheimnis sorgsam gehütet. Man erzählte sich, dass der „Balsam" schon Tote wieder zum Leben erweckt hatte.

Sieben Monate konnte Anna das Bett nicht verlassen.
Einmal in der Woche, immer montags gegen zehn Uhr, sah Konstantin Murajew nach ihr. Dieser in ganz Petersburg äußerst beliebte Arzt setzte seinen ganzen Ehrgeiz darein, Anna wieder herzustellen, soweit es in seiner Macht lag. Ja, einen Narren hatte er an ihr gefressen, da sie über eine seltene anatomische Besonderheit verfügte: Annas Herz befand sich rechts. Und immer, wenn er kam, holte er als Erstes sein Stethoskop heraus, hörte ihre Herztöne ab und murmelte, stets aufs Neue entzückt: „Da, da, prawo, prawo, prawo.[25]"

---

[25] Ja, ja, rechts, rechts, rechts (im Russischen ebenfalls: Ja, ja, wirklich, wirklich, wirklich).

Danach tastete er ihre Rippen ab. Anna graute vor dieser Prozedur, die äußerst schmerzhaft war. Auf der linken Seite eine, auf der rechten Seite drei gebrochene Rippen, die nur schwer wieder zusammenheilten. Damit sie sich so wenig wie möglich bewegen konnte, war ihr Brustkorb straff und fest geschnürt. Die Bandagen wurden nur anlässlich des Besuches von Konstantin Murajew entfernt, um danach mit noch härterem Druck wieder angelegt zu werden. Atmen war eine Qual. Das linke Bein lag geschient, weit weg von ihr, als würde es einer Fremden gehören. Obwohl es mehrfach gebrochen war, spürte sie es kaum. Ihr Kopf war kahlgeschoren, und die Platzwunden begannen langsam abzuheilen. Wie durch ein Wunder waren Arme, Hände und Gesicht unversehrt geblieben. Nur eine kleine Narbe auf der Stirn, die immer wieder nässte und aufbrach.

Anna blickte durch die breiten Ritzen der schweren goldbeschlagenen Eichentür. Dunkel und hoch der holzgetäfelte Raum, in dem sie lag. Das zugige Flackern des siebenarmigen Kerzenleuchters verstärkte ihre Abgeschiedenheit. Draußen war das Leben. Das Lachen. Der Tanz. Das Spiel. Hier drin war nur sie. Allein.

Anna Danilowna fühlte sich schuldig. Mit mehr Entschlossenheit hätte sie Annas nächtlichen Ausflug und damit den Unfall verhindern können. Hätte sie doch nur auf ihre Vorahnungen gehört!

Instinktiv achtete sie darauf, ihrem Mann nicht an Annas Krankenbett zu begegnen. Aber das ließ sich nicht immer vermeiden. Sie spürte seine innere Anspannung, seine Verzweiflung, seine Angst Anna zu verlieren. Es war einfach absurd, wie er Anna vergötterte. Sah er denn nicht, dass Anna nicht sein Kind war, dass sie Münnich immer ähnlicher wurde? Oder genoss er genau diesen Umstand?

Peter kam, so oft er konnte, aus Moskau. Er fühlte sich schuldig an Annas Unfall und nichts wünschte er sich sehnlicher als Annas Genesung. Doch wenn er an ihrem Bett saß, konnte er die

Tränen, die in seine Augen traten, nicht zurückhalten. Diese verdammte Hilflosigkeit.
Was konnte er schon tun?
Die Gedichte, die er in dieser Zeit schrieb, waren allesamt düster, trostlos und schlecht:

Ein Mensch fällt.
Er bleibt liegen. Am Straßenrand.
Kein Hahn kräht nach ihm.
Gras wächst über die Sache.
Doch fällt ein Baum
Und liegt groß und mächtig am Straßenrand,
So balancieren lachend auf ihm die Kinder.

Was war schon der Mensch angesichts der Natur? Ein vergängliches, schwaches Wesen. Welchen Plan verfolgte Gott? Gottes Wege sind unergründlich. Stimmte das? Oder würde es eine Zeit geben, da er den Sinn verstünde?
Selbst Maria Antonowna war hilflos. Wie immer vor dem Schlafengehen hatte sie Märchen vorlesen wollen, aber Anna schickte sie weg: „Die Zeit der Märchen ist vorbei. Ich will keine Märchen mehr hören. Sie haben alle ein gutes Ende."

Wenn Sascha kam, brachte er immer etwas anderes mit. Ein Rosshaar von Fedjas Schweif, ein Eichenblatt, einen Blumenstrauß, einen seltsam geformten Stein... Er legte seine Geschenke auf den kleinen Tisch neben Annas Bett. Dann rückte er einen Schemel heran, setzte sich – und schwieg. Er stellte keine Fragen, erwartete keine Antworten, er saß nur da, die Augen halbgeschlossen, und schwieg.
Auch er hatte sich Vorwürfe gemacht, weil er in jener Nacht weggegangen war, um nach den Braunen zu sehen, und das Unglück nicht hatte verhindern können. Da lag sie nun, seine kleine Anna, und obwohl Konstantin Murajew ihnen immer wieder Hoffnung gemacht hatte, wusste er doch, dass Anna nie wieder so sein würde, wie vor dem Unfall. Sicher, die Rippen waren gut ver-

heilt, die Haare nachgewachsen, doch das linke Bein würde steif bleiben und auch die kleine hässliche rote Narbe auf der Stirn würde für immer sichtbar sein.

Die meisten Sorgen jedoch machte er sich um Annas inneren Zustand. Ihre Seele war krank. Er spürte, dass sie nicht mehr leben wollte, dass sie sich allein fühlte, Gott hatte sie verlassen und nun wollte auch sie die Menschen verlassen. Immer öfter glitt sie hinüber in einen Dämmerzustand, träumte sich weg aus der Realität und er wusste, wenn nicht bald etwas geschah, würde sie eines Tages einfach auf der anderen Seite bleiben und nicht mehr aufwachen.

„Anna, hör mir zu. Ich möchte, dass du mir hilfst."

Erstaunt blickte Anna auf Sascha. Oft hatte er in den letzten Monaten bei ihr gesessen. Sein Schweigen hatte ihr gut getan, er hatte sie mit seinem Mitleid verschont. Jetzt plötzlich sprach er zu ihr. Sie sollte ihm helfen... Wie absurd. Was konnte sie schon tun, außer im Bett zu liegen und allen zur Last zu fallen. „Anna, ich möchte, dass du mir Lesen und Schreiben beibringst."

Lange hatte Sascha überlegt, wie er Anna ins Leben zurückholen könnte. Sie brauchte eine Aufgabe. Lesen und Schreiben hatte er nie gelernt, und wenn es auch nichts nützte, so würde es ihm auch nicht schaden.

In Annas Kopf begann sich alles zu drehen: Sie konnte doch nicht und sie würde doch nur und es hatte ja doch alles keinen Zweck und es war ja eh alles vergeblich und sie war krank, krank, krank, jawohl, sie war ein Krüppel, und sie wollte sterben und sie wollte, dass alle um sie weinten, ja, und erst wenn sie tot war, würden die anderen wissen, wie schön und einzigartig und besonders sie gewesen war, und es würde ihnen Leid tun, aber dann wäre es zu spät...

„Morgen um die gleiche Zeit bin ich wieder da. Ich bringe Papier und Feder mit. Bitte schlage mir meinen Wunsch nicht ab."

An den drei darauffolgenden Tagen stellte sich Sascha pünktlich um 10 Uhr ein. In seinen Händen Feder, Papier und Tusche. Doch Anna schwieg, sah ihn nicht einmal an, sondern starrte an die Decke.

Als er am vierten Tag nicht kam und auch am fünften nicht, bat sie Maria Antonowna, nach ihm zu sehen. „Eine schlimme Lungenentzündung. Und das mitten im Sommer!" Anna fühlte, wie Tränen in ihr aufstiegen. Seit ihrem Unfall hatte sie nicht mehr geweint. Das war also die Strafe. Sascha war krank. Warum hatte sie seinen Wunsch nicht erhört? Sascha durfte nicht sterben. Vielleicht gab es ja doch einen Gott, und sie begann zu beten: „Lieber Gott, bitte, lass Sascha wieder gesund werden. Ich verspreche Dir dafür, mich nicht mehr zu beklagen über mein Schicksal." Und Gott erhörte ihr Gebet.

Mit Saschas Hilfe begann Anna, wieder am Leben teilzunehmen. Sie lernte, auf zwei Krücken gestützt, durch das Zimmer zu humpeln. Und bald war sie so weit wieder hergestellt, dass sie die Krücken nicht mehr brauchte. Stundenlang ging sie spazieren durch den weitläufigen Park, der an das Haus der Trubetzkois grenzte. Nur ein geübtes Auge konnte noch erkennen, dass an ihrem Gang etwas nicht stimmte. Lange hatte sie vor dem Spiegel geübt. Wieder und wieder. Es kam auf das richtige Tempo an. Ging sie zu langsam, so geriet der Wechsel vom linken Bein auf das rechte zu ruckartig. Und ging sie zu schnell, so zogen sich ihre Schultern hoch und alles an ihr wirkte hölzern und steif. Hatte sie aber das richtige Tempo gefunden, so konnte sie mit dem rechten, gesunden Knie weich nachgeben und das linke Bein, das steif geblieben war, in einem kleinen Bogen elegant nachsetzen. Sie wusste, was sie Gott versprochen hatte, und sie beklagte sich nicht. Aber – sie begann zu schauspielern: nach außen fröhlich, im Innersten bitter und traurig. Wenn sie in den Spiegel blickte, sah sie ihr Gesicht, sah die rote Narbe auf ihrer Stirn. Sie erschauerte vor diesem Anblick und begann, sich für ihr Aussehen zu schämen. Welcher Mann würde sich denn noch in sie verlieben? So, wie sie aussah?

Am gleichen Abend noch bekomme ich Besuch. Michael, der Maler, der Sänger, der Musiker, der Dichter und Zyniker, ich habe ihn sehr geliebt, doch jetzt sehen wir uns nur noch selten. Wir sitzen vor dem Kamin.

Seinem kranken linken Bein geht es nicht besonders gut und er denkt gerade darüber nach, deshalb mal zu einer Heilpraktikerin zu gehen. Ich gebe ihm Biancas Telefonnummer, wer weiß, vielleicht ruft er sie eines Tages an. Ich bin überzeugt, dass sie ihm helfen könnte, doch das muss er selbst entscheiden.

Bis heute kann ich nicht wirklich verstehen, warum wir kein Paar geworden sind. Es war schön mit uns, aber es war auch immer kompliziert. Die Qual des Wartens hat er mich gelehrt und er hat ein seltsames, irrationales Gefühl von Angst in mir ausgelöst, das schwer zu beschreiben ist: immer, wenn er kam, wusste ich schon, dass er wieder gehen wird. Egal, wie lange er blieb, der Gedanke an das Ende, an sein Weggehen, war da, sobald er zur Tür hereinkam. Ganze Tagebücher füllten sich mit dem Versuch, dieses seltsame Gefühl zu bannen. Vielleicht war es diese, meine eigene, Erwartung – er wird gehen, die ihn von mir fortgetrieben hat…

Da er ein Künstler ist, lässt es sich mit ihm immer gut über den „künstlerischen Schaffensprozess" diskutieren. Wie das so ist mit dem Schreiben, diese Phasen, wo man völlig sinnlose Dinge tut, plötzlich aufwäscht oder noch einmal einkaufen geht, obwohl der Kühlschrank voll ist. Auf einer unbewussten Ebene aber arbeitet das Schreibthema vor sich hin, es kreist, dreht Bahnen, und dann, wenn es ganz verschwunden und für immer verloren scheint, ist es auf einmal wieder da, wie ein Blitz, und das leere weiße Blatt kann sich füllen.

Spirituellen Themen gegenüber ist er eher skeptisch und abwehrend, macht spöttische Bemerkungen und als ich ihn vor zwei, drei Jahren mal fragte, warum aus uns kein Paar geworden ist, gab er sinngemäß zur Antwort: „Solange du noch als Journalistin gearbeitet hast, war alles okay, aber als du mit diesem komischen Zeug angefangen hast, mit TaiChi und QiGong und Reiki[26], da habe ich dich nicht mehr verstanden, da wusste ich nicht mehr, worüber ich mit dir reden sollte. Das war nicht meine Welt."

Ich fand diese Erklärung damals ziemlich blöd – ich war doch noch die gleiche Frau – aber etwas anderes war aus ihm nicht herauszukriegen. Obwohl ich seine ablehnende Haltung kenne, beginne ich, von der Fürstin zu erzählen. Wider Erwarten hört er gut zu und findet es interessant. Natürlich ist Resonanz bei ihm da, als ich von Annas Unfall erzähle.

---

[26] Universelle Lebensenergie (japanisch: Reiki), eine sehr wirkungsvolle Methode der Energiearbeit

Den ganzen Abend über werde ich den Gedanken nicht los, dass er damals in meinem Leben auch eine Rolle gespielt haben könnte. Annas linkes steifes Bein, sein linkes krankes Bein, unsere komische, komplizierte Beziehung…
„Wer war er?" – denke ich immerzu – „Wer war er?"

Am folgenden Tag bin ich mit Bianca zur nächsten Sitzung verabredet. Wir wollen weiter am Durchfall arbeiten. Ich setze mich hin, strecke meinen Arm aus, doch Bianca sagt: „Stop. Spürst du das auch?" Achtsam nehme ich den Raum wahr, lausche in mich hinein. „Ja, ich bemerke eine starke, dunkle Energie, die sich hinter mir aufgebaut hat."
Bianca testet stumm:
„Es ist der Ehemann der Fürstin Anna."
Wir fragen nach seinen Gefühlen:
Mangelnde Anerkennung und sich übergangen fühlen, obwohl er doch voller Liebe ist.
Ich brauche lange, bis ich endlich sagen kann:
„Danke. Du darfst sein. Und ich darf sein."
In diesem Moment löst sich die dunkle Energie auf.
Alles wird hell im Raum und ich fühle eine große Erleichterung.
Ich berichte Bianca von der Wiederbegegnung mit Pascal und dass er damals mein Vater war.
Und ich bitte sie auszutesten, ob auch Michael damals eine Rolle in Annas Leben gespielt hat.

Ja, Michael war damals ein Mann.
Er war Annas Ehemann.

Der Durchfall ist danach deutlich besser und ich muss nur noch am Morgen rennen. Das hält eine Woche an, dann kehrt der Durchfall zurück, als Mahner, als Zeichen, dass es noch viel zu tun gibt.

Zwei Wochen später:
Eine scheue, zarte Mädchenstimme am Telefon: „Ich bin Julia. Ist es möglich, dass ich bei Ihnen ein Praktikum mache? Mein Vater hat mir gesagt, dass ich Sie ruhig danach fragen kann."

Ich war mit ihrem Vater sieben Jahre lang in eine Klasse gegangen und noch heute habe ich eher gemischte Gefühle, wenn ich an ihn denke. Er war der Weiberheld der ganzen Schule, alle Mädchen rannten ihm nach, und auch ich machte da keine Ausnahme.

Als ich vierzehn war, lud er mich in seine Wohnung ein. Seine Mutter war verreist. Wir „machten rum", wie das damals so schön hieß, und als alle Hüllen gefallen waren, drohte er mir, einen Schulfreund, den er extra bestellt hatte, und der jeden Moment klingeln musste, hereinzulassen, und der würde mich dann so sehen, nackt und schutzlos. „Es sei denn, du machst mit", sagte er grob. Zum Nachdenken blieb mir keine Zeit, denn schon ertönte die Klingel, zweimal kurz, einmal lang. „Die Entscheidung liegt ganz bei dir." Er stand vor mir, ich hockte auf dem Bett, und alles, was ich fühlte, war Scham. Eine riesengroße Scham. „Lass ihn nicht herein", bat ich.

Noch vier Jahre lang, bis zum Abitur, drückten wir gemeinsam die Schulbank. Es verging kein Tag, an dem er mich nicht beleidigte oder lächerlich machte vor den anderen.

Und ich? Ich hörte nicht auf, mich nach seiner Liebe zu sehnen.

Danach trennten sich unsere Wege. Irgendwann, vor paar Jahren, rief er mich an. Er habe mich im Fernsehen gesehen, und da hätte ich über Reiki gesprochen, und ob er nicht mal vorbeikommen könnte.

Und da saß er dann vor mir. Aufgequollen, dickgeworden und nach Worten ringend. Ein Wrack. Ich muss ehrlich zugeben, dass diese Begegnung mir eine Genugtuung war. Drei Kreuze, dass aus uns nie ein Paar geworden ist. Drei Kreuze, dass er meine Zuneigung nicht erwidert hat.

Und nun sollte ich also seine Tochter kennen lernen…

Sie gefällt mir. Schöne ausdrucksvolle blaue Augen. Zart, zerbrechlich, scheu. Hinter ihrer Zurückhaltung spüre ich eine große, aber ausgebremste Kraft.

Drei Tage lang begleitet sie mich, nimmt an meinen TaiChi-Kursen teil und hinterher sitzen wir zusammen und werten alles aus. Sie übernachtet bei mir im Zentrum, schläft im Reiki-Zimmer.

Als ich am dritten Tag, ihrem letzten, das Büro betrete, erwartet sie mich schon. Wir trinken einen Kaffee und ich kann sehen, dass sie eine Frage hat, sich aber nicht traut, sie zu stellen.

„Was ist los? Du kannst mich alles fragen.", ermuntere ich sie.
„Waren Sie heute Nacht in meinem Zimmer und haben ganz behutsam meinen Kopf gehalten?"
Ich sage: „Nein, natürlich nicht."
„Dann muss es wohl doch ein Traum gewesen sein. Aber es war so real. Und – Sie waren wirklich nicht bei mir?"

Moment mal! In mir beginnt sich alles zu drehen, ein undefinierbares Gedankenkarussell, und als es zum Stillstand kommt, höre ich, wie sie schüchtern und mit leiser Stimme sagt: „Es ist bestimmt kein Zufall, dass ich jetzt hier bin."
Dieses Mädchen! Ich erzähle ihr kurz und nur in Stichworten von meinem Buchprojekt. „Wer weiß, vielleicht kennen wir uns ja aus dieser Zeit." – Der Gedanke ist plötzlich da und schon haben wir ihn beide ausgesprochen.
Ich weiß, dass ich sie im jetzigen Leben noch nie gesehen habe, aber mein Gefühl für sie war vom ersten Augenblick an da. Und ich weiß auch, dass es nichts damit zu tun hat, dass sie die Tochter ihres Vaters ist. Ich frage, ob sie Lust hat, es herauszufinden. „Aber ja, gerne." Mit ihren siebzehn Jahren hat sie sich bereits mit Buddhismus beschäftigt, und die Idee der Reinkarnation ist für sie nichts Neues. Ich erkläre ihr den kinesiologischen Armtest, und dann legen wir los:

Ja, sie hat damals zur Familie gehört. Sie war ein Mann. Sie war mein Sohn. Sie verstand sich gut mit ihrer Zwillingsschwester. Bei der Geburt wäre ich fast gestorben. Ich konnte die Kinder nicht stillen, das hat eine Amme getan. Als ich nach Livland ging, ließ ich die Kinder bei meinem Ehemann, und der war ein guter Vater für die beiden.

In den zwei TaiChi-Kursen, die darauf folgen, bin ich nicht bei der Sache. Immer wieder muss ich sie ansehen und lächeln: Mein Sohn! Wie schön, dass ich dir begegnen durfte…
Am Abend lade ich Julia zum Chinesen ein. Sie erzählt, dass sie schon immer gern ein Junge sein wollte. Nie hat sie mit Puppen gespielt, stattdessen Fußball. Und ich erzähle von meiner Schulzeit und wie das so war, mit ihrem Vater und mir.

Die Demütigungen, Beleidigungen und Beschimpfungen, denen sie durch ihren Vater tagtäglich ausgesetzt ist, gleichen den meinen aufs Haar.

Sie will nur noch weg von zu Hause, weg von diesem Vater.

Zum Abschied nehme ich sie in den Arm: „Mein Kind, sieh mich an, ich habe deinen Vater überlebt, und du wirst ihn auch überleben. Ich bin so froh, dass wir uns gefunden haben."

Wir bleiben in Kontakt.

Julia schafft es, innerhalb von drei Monaten ihr Zuhause (eine Kleinstadt) zu verlassen. Sie meldet sich an einem Leipziger Kunstgymnasium an, findet ein billiges Zimmer in einer WG[27] im Leipziger Osten, arbeitet an den Wochenenden und fängt wieder an zu schreiben und zu malen. Sie liest mir ihre Texte vor, sie sind voller Poesie, und ich ermutige sie dranzubleiben. Das Aquarell, das sie für mich malt, hängt auf meiner Veranda, und wenn ich dort sitze, leuchtet der rote Mohn ihres Bildes auf mich herab. Zu ihrem achtzehnten Geburtstag schenke ich ihr eine Türkiskette, das Geschenk einer „Russin" an ihr Kind. Möge sie geschützt sein und ihren Weg gehen…

Anna hatte, außer dem Tanz, ihren täglichen Unterricht wieder aufgenommen. Und auch Sascha machte Fortschritte. Zwei- oder dreimal in der Woche fand er sich bei ihr ein. Das Schreiben fiel ihm viel schwerer als das Lesenlernen, und so verfiel Anna auf die Idee, dass er ihr Briefe schreiben solle, an all den Tagen, wo er nicht bei ihr war. Und Anna bestimmte das Thema. Im Laufe der Zeit hatte sich ein ganzer Stapel angesammelt. Einmal hatte sie ihn gebeten, sich ein Märchen für sie auszudenken, das kein gutes Ende nahm:

Es war einmal eine arme Witwe, die nichts besaß als das alte Holzhaus, in dem sie wohnte, und zwei Söhne. Der älteste hieß Kasimir, der jüngere hieß Iwan. Nun wollten beide das Haus haben, doch die Mutter konnte sich nicht entscheiden, wem von beiden sie es geben sollte. Beide waren ihr gleich lieb.

---

[27] Wohngemeinschaft

Eines Tages rief sie ihre Söhne zu sich und sprach: „Wer mir das schönste Blümelein bringt, der soll das Haus bekommen."
Kasimir und Iwan brachen noch am gleichen Tage auf. Sie liefen durch Dörfer, über Wiesen und Felder, bis sie an eine tiefe Schlucht kamen. Dort trennten sie sich. Nach zwei Tagen wollten sie sich am Eingang der Schlucht wieder treffen. Im Wald begegnete der Jüngste einem Reh. Der Jäger hatte es angeschossen. Iwan nahm sein Taschentuch und wusch die Wunde mit frischem Quellwasser aus. Da sprach das Reh zu ihm: „Ich weiß, wohin dich dein Weg führt. Dort oben, auf dem Berg, wachsen drei Maiglöckchen. Doch es sind keine gewöhnlichen Maiglöckchen. Das eine duftet wie ein Rosenstrauch, das zweite wie ein Fliederbusch und das dritte unscheinbar wie ein Veilchen. Die beiden ersten lass stehen, sie sind giftig. Doch das dritte nimm und bring es deiner Mutter. Es wird nie verblühen."
Iwan stieg auf den Berg. Er musste nicht lange suchen, da hatte er die drei Maiglöckchen gefunden. Sie waren wunderschön und ihr Duft war so stark und berauschend, dass er wohl Lust bekam, alle drei zu pflücken. Doch er erinnerte sich an den Ratschlag, den das Reh ihm gegeben hatte. Er grub das dritte mitsamt der Wurzel aus und barg es in seinem Tuch. Iwan ging zurück zum Eingang der Schlucht, wo ihn sein Bruder schon erwartete. Als dieser hörte, welch wundersame Blume Iwan gefunden hatte, schlug er ihn tot und nahm das Maiglöckchen an sich. Dann ging er heim zu seiner Mutter.
Die fragte, wo Iwan sei, doch Kasimir sagte nur: „Er sucht gewiss noch."
Sie warteten Tag für Tag, doch Iwan kam nicht zurück. Da ging die Mutter los, um ihn zu suchen. Auch sie gelangte bis zu der Schlucht. Dort sah sie eine Flöte, sie lag da am Wegesrand und die Mutter begann, auf ihr zu spielen. Da klang es:

> „Oh Mutter mein, oh Mutter mein,
> du flötest auf meinem Beinelein.
> Der Bruder schlug mich tot im Hain,
> und nahm mir weg das Blümelein."

Die Mutter vergoss bittere Tränen und nahm die Flöte mit nach Hause. Kasimir kam und hörte, wie sie spielte. Da trat er mit gesenktem Kopf vor sie: „Ja, ich habe meinen Bruder erschlagen." Die Mutter sah ihn nur an und schwieg. Noch drei Tage spielte sie auf der Flöte, ohne sie einmal abzusetzen. Am Morgen des vierten Tages fand Kasimir sie tot auf der Schwelle.

Da er jetzt ganz allein war auf der Welt, verließ er das Haus. Er lief durch Dörfer, über Wiesen und Felder, nährte sich von Gräsern und Beeren. Dann kam er zu der Schlucht. Er stieg auf den Berg. Dort standen zwei wunderschöne Maiglöckchen. Das eine trug weiße Blüten, das andere große rote Beeren. Hungrig streckte er seine Hände nach den Beeren aus. Doch sobald er sie berührt hatte, erbebte die Erde und er war auf der Stelle tot.

Bald ist Mai und das Wochenend-Seminar mit dem „Priester" rückt näher.

Wieder habe ich Joël ein Jahr lang nicht gesehen.

Ich versuche keine Erwartungen zu haben, um offen zu sein für das, was geschieht.

Aber das fällt mir verdammt schwer. Alles Sehnen und Hoffen, alle Liebe konzentriert sich auf diese zwei Tage. Welch heillose Überforderung! Meine Unruhe und Unsicherheit wächst mit jedem Tag. Manchmal bin ich schon so weit, dass ich am liebsten nicht hingehen würde. Zwei Briefe, zwei Telefonate – in einem ganzen Jahr. Er hat mir „Kalina Krasnaja" zurückgeschickt. Der Film hat ihn tief berührt. Am Telefon erzähle ich ihm von der Fürstin und dem Priester. Er reagiert darauf offen und gleichzeitig zurückhaltend. Und er erzählt, dass er seit langem mit Jungs arbeitet, die als schwererziehbar gelten – es sind Russen.

Eine Woche vor dem Seminar überfallen ihn urplötzlich Fieber und Schmerzen, die er bisher nicht gekannt hat. Trotzdem will er kommen. Aber es wird keinen Vorabend für uns beide geben, wie im letzten Jahr.

Meinem Sohn Max bleibt meine innere Zerrissenheit nicht verborgen: „Mach keine Zicken, Mutter, klar gehst du hin. Er verhält sich verantwortlich gegenüber seiner Familie und dem neugeborenen Kind. Und das ist gut so. Ihr wisst doch beide um euer Gefühl füreinander. Wer weiß, wie viel Zeit ihr schon miteinander verbracht habt und auch wieder verbringen

werdet. In diesem Leben seht ihr euch halt einmal im Jahr. Und fertig!"
Seine Klarheit tut mir gut und langsam beginne ich, mich auf das Wiedersehen zu freuen.

Im Vorfeld hatte ich organisiert, dass Bianca (die Tochter der Fürstin) und
Julia (der Sohn der Fürstin) am Seminar teilnehmen. Ich wollte, dass sie
Joël (den Priester, den Geliebten der Fürstin, ihren Vater) kennen lernen.
Immer wieder malte ich mir die Situation aus: Vater, Mutter, Tochter,
Sohn. Alle in einem Raum. Eine Wiederbegegnung nach fast dreihundert
Jahren. Was würden wir fühlen? Was würde geschehen? Was würde das
in uns auslösen? Und ich wollte unbedingt ein Bild. Max erklärt sich be-
reit, uns zu fotografieren. Ich und Joël. Zusammen. Wenigstens auf einem
Foto…

Am Freitag vor diesem Wochenende habe ich meinen nächsten Termin bei
Bianca.
Sie hat Angst, an dem Seminar teilzunehmen, Angst vor körperlicher Gewalt.
Ich beruhige sie: „Es wird dir gefallen. Joëls Übungen sind toll. Du er-
fährst deine Kraft auf eine ganz neue Weise. Es geht nicht um Muskel-
stärke oder um Gewalt. Es geht um das Gegenteil. Ein Beispiel: drei Leute
haben dich gepackt, dir die Arme verdreht, alles tut weh, nichts geht mehr.
Und genau dahinein musst du dich lösen, die Situation, den Druck anneh-
men, alles Dagegensein aufgeben, weich werden, deine Wahrnehmung weit
machen, tief durchatmen – und das Wunder geschieht. Die drei, die dich
grade noch fest im Griff hatten, können dich nicht länger halten."
Joël ist wirklich ein begnadeter Lehrer. Die Übungen, die er zur inneren
Präsenz, zur Fähigkeit den eigenen Raum einzunehmen entwickelt hat.
Seine Aufforderung, immer wieder neu zu spüren: Was stärkt mich? Was
schwächt mich? Sein salopper Spruch: „Im Seufzer ist alles enthalten."
Und seine Erkenntnis, dass jede Fixierung auf ein Problem das Problem
erhält und dass es erst gelöst werden kann, wenn ich mich in den Raum
erweitere und meine Wahrnehmung rund und weit mache… All das hat
meine TaiChi-Praxis enorm bereichert.
Bianca ist immer noch skeptisch, aber sie freut sich auf die neuen Erfahrungen.

Sie hat eine neue Idee zu meinem Durchfall. In der Literatur fand sie einen Hinweis darauf, dass sich durch eine Kopfverletzung ein Teil der Persönlichkeit abspalten kann und dass Durchfall dann eine der spürbaren Folgen ist. Der Durchfall bleibt bei diesem Menschen, bis er den verlorengegangenen Anteil wieder integriert hat.

Wir testen aus:

Ja, es gab eine Kopfverletzung. Es war in Livland, im Jahre 1773.

Ich lege mich hin und die Trance beginnt:

Es ist vormittags, Frühling, die ersten grünen Spitzen zeigen sich in der Natur, Hühner gackern und ich nehme weiße Laken von einer Wäscheleine ab. Es ist eine dörfliche Atmosphäre. Ich bringe die Wäsche in eine Kammer. Hinten rechts, in einer dunklen Ecke, sitzt ein Zigeuner. Ich erschrecke, als ich ihn bemerke. Er grinst, steht auf und beginnt mich zu betatschen. Ich stoße ihn weg.

„Was willst du?"

„Geld!"

„Ich habe kein Geld."

„Gut, dann gehe ich noch heute zur Postkutsche und verrate deinen Aufenthaltsort."

Er will gehen und ich versuche ihn zurückzuhalten. Grob stößt er mich von sich. Ein Faustschlag trifft meinen Kopf. Bewusstlos stürze ich zu Boden.

Bianca: „Sieh dich um im Raum. Halte Ausschau nach dem Persönlichkeitsanteil, der dich verlassen hat."

Ich sehe lange nichts, dann entdecke ich eine dünne weiße Gestalt, die dem Zigeuner hinterherläuft, ihn einholen will, voller Angst, ihn nicht mehr zu erreichen.

Bianca: „Sag diesem Anteil: 'Bitte komm zurück', nimm ihn in deine Arme, sag: 'Ich bin ja da.'..."

Ich halte den Anteil fest in meinen Armen. Es ist der Anteil, der verhindern will, was eh geschieht, der nicht geschehen lassen kann, sondern immer eingreifen und kontrollieren will, der sich auflehnt gegen das Schicksal und der immer voller Angst ist.

Ich halte ihn im Arm, bis Erleichterung einsetzt, bis sich die Anspannung löst.

Am Abend befrage ich noch das I Ging und bitte um einen Hinweis, der mir helfen kann, das Wochenende mit Joël gut zu überstehen.

Ich werfe die Münzen und erhalte das Zeichen „KUI – Der Gegensatz", mit einer bewegten Linie, der neun auf erstem Platz:

„Wenn du dein Pferd verlierst, so lauf ihm nicht nach. Es kommt von selber wieder." Und:

„Es ist nicht notwendig, zu kämpfen oder zu streiten. Wir können gefahrlos mit den Ereignissen fließen. Wenn zwei Menschen, die füreinander bestimmt sind, sich entfremdet haben, braucht nur einer loslassen, damit der andere aus eigenem Antrieb zurückkommen kann. Dies gilt für alle Situationen." Und:

„Zwischen Elementen, die der Natur nach zueinander gehören, besteht jetzt eine Entfremdung. Versuchen Sie nicht, eine Vereinigung zu erzwingen, sondern lassen Sie die Dinge auf natürlichem Weg zu ihrer Eintracht zurückkehren. Seien Sie unbesorgt: Die Entwicklung wird von selbst kommen." Und:

„Man darf bei beginnendem Gegensatz die Einheit nicht erzwingen wollen, dadurch würde man nur das Gegenteil erreichen, wie ein Pferd sich immer weiter entfernt, wenn man ihm nachläuft. Ist es unser Pferd, so kann man es ruhig laufen lassen, es kommt von selber wieder. So kommt auch ein Mensch, der zu uns gehört und infolge eines Missverständnisses sich augenblicklich von uns entfernt, von selber wieder, wenn man ihn machen lässt."

Das Wochenende hinterlässt mich völlig geschafft.

Schon merke ich, wie Joëls Augen, die gerade noch auf mir geruht haben, im Nebel der Zeit verschwinden.

Er ist weg und ich bin wieder allein. Alles ist wie vorher. Und auch nicht.

Zum Abschied sehen wir uns lange an.

Er sagt: Petra Meine Liebe.

Und es klingt wie ein trauriger Schwur.

Lange Umarmung. Dann das Lösen. Das Gehen. Das Sich-Nicht-Umwenden.

Max hat uns fotografiert, draußen, auf der Wiese:

Wir stehen eng zusammen.
Sein Arm umfasst meine Schulter.
Er ganz in Weiß. Ich ganz in Schwarz.
Yin und Yang.
Die Frau – Der Mann.

Am Samstagabend lädt Joël mich zum Essen ein.
Die anderen Seminarteilnehmer wollen sich zu uns setzen. Er schickt alle
weg, sagt:
„Ich möchte mit Petra allein sein."
Keine Ahnung, worüber wir im Einzelnen gesprochen haben. Egal, wie
viel Mühe ich mir auch gebe, ich bleibe dunkel, schwer, todtraurig. Nicht
heiter und gelöst, nicht locker und unbeschwert. Ich könnte auf der Stelle
losheulen. Reiße mich zusammen, lächle, rede.
Dann sage ich: „Bitte bestell mir ein Taxi. Ich möchte jetzt gehen."
Das Taxi kommt und Joël setzt sich hinüber zu den anderen, die ihn sofort
mit ihren Fragen bestürmen.
Auf meine beiden „Kinder" habe ich an diesem Wochenende wenig geachtet. Hin und wieder ein Blick – ja, es geht ihnen gut, sie fühlen sich wohl,
sie sind fasziniert von ihm, sie mögen ihn und er mag sie.

In den Wochen, die auf das Joël-Seminar folgen, geht es mir zunehmend
schlecht.
Der Durchfall hatte zwei Wochen Ruhe gegeben. Statt mich zu freuen –
immerhin zwei Wochen! – deprimiert es mich, dass er wiederkommt.
Ich bin resigniert, kraftlos, sehe kein Land, verliere die Hoffnung auf Besserung, merke, wie ich jeden Tag dicker werde, esse kaum etwas, und
setze trotzdem Speck an, ich müsste was für meine Figur tun, aber auch
das ist mir letztendlich egal…
Ich unterrichte weiter, jeden Tag zwei Kurse, manchmal machen sie Spaß,
manchmal strengen sie total an und ich fühle mich ausgelaugt.
Ich wache mitten in der Nacht auf und muss mich übergeben, danach
fühle ich mich erst recht hundeelend.
Einige Kursteilnehmer melden sich ab, ich setze mich hin und rechne mir

aus: noch fünf Kündigungen, dann kann ich mein Zentrum dicht machen, dann reicht es nicht einmal mehr für die Miete.

Eine Frau, von der ich glaubte, sie wäre meine beste Freundin, zieht sich ohne Angabe von Gründen von mir zurück, sie kommt noch in meine Kurse, aber sie redet nicht mehr mit mir. Es tut weh, es beschäftigt mich, es schwächt mich. Warum nur, warum, ich verstehe es nicht... Und irgendwann habe ich nicht mal mehr die Kraft, nach dem Warum zu fragen. Hinzu kommt ein leichtes Fieber, ein quälender Husten.

Ein Wunder, wie ich die Tage überstehe.

Ich sage alle Weiterbildungsveranstaltungen, die ich im Sommer besuchen wollte, ab und entscheide mich, in diesem Sommer daheim zu bleiben und nicht nach Litauen zu fahren. Ich habe Sehnsucht nach Einsamkeit und Ruhe und ich möchte gern an dem Buch über die Fürstin weiterarbeiten. Diese Vorstellung, wie ich im Sommer auf meiner Veranda sitze und wie sich Seite um Seite füllt, nur diese Vorstellung lässt mich durchhalten. Doch der Sommer ist noch weit.

Bis Anna 15 war, hatte ihre Mutter noch sieben weitere Kinder zur Welt gebracht. Drei von ihnen waren kurz nach der Geburt gestorben.

Ihr Vater war inzwischen stolzer Träger des „Andreas-Orden", verliehen von Zarin Elisabeth, und die Zarin hatte ihm außerdem für seine Verdienste ansehnliche Güter in Livland geschenkt: Ronneburg-Neuhof, Wesselshof-Paulenhof, Lauenkaln, Sellgowski und Romeskaln. Die livländischen Haken warfen nicht viel ab, wenn er nicht regelmäßig nach dem Rechten schaute. Meist nahm er seine Tochter Anna mit auf Reisen. Sie hatte den Unfall seiner Meinung nach gut überstanden und langsam musste er daran denken, sie zu verheiraten. Dieser Gedanke bereitete ihm Unbehagen, er wollte Anna nicht verlieren und doch war es an der Zeit, nach einem geeigneten Mann Ausschau zu halten.

Wie immer setzte er Anna in Wesselshof-Paulenhof ab, während er weiterreiste, um seine Güter zu inspizieren.

Er hatte Wesselshof auf Anna überschrieben. Es gehörte ihr. Und in zwei Tagen würde er sie wieder abholen.

Zwei kostbare lange Tage lagen vor Anna. Hier, in der Natur, konnte sie aufatmen. Weit streckten sich die Felder, sie ging nach Herzenslust schnell oder langsam, manchmal tanzte sie sogar. Keiner konnte sie hier sehen und mitleidig belächeln.

Am See warf sie die Kleider ab und betrachtete ihren Körper im Wasserspiegel. Sie strich über die Narben, berührte ihre Brust, die im letzten Jahr beträchtlich gewachsen war, kämmte mit den Fingern einen Scheitel in ihre Schamhaare und zog ihrem Spiegelbild Grimassen.

Am Abend saß sie vor dem Kamin, blickte in das Feuer und begann in dem kleinen Büchlein zu blättern, das ihr Bruder Peter ihr geschenkt hatte. Da er nichts von einer militärischen Laufbahn hielt, hatte er begonnen sich als Übersetzer einen Namen zu machen, und er schrieb immer noch Gedichte. Zwei gefielen ihr besonders gut:

Abends stehst du dann vorm Spiegel
Und du starrst in dein Gesicht
So als könntest du die darauf gelegten Zärtlichkeiten
Abnehmen und betrachten
Tausend Worte, tausend Blicke, tausend Zärtlichkeiten
Von ihr
Morgens dann erwachst du
Und öffnest deine Augen nicht
Noch nicht
Denn solange du sie geschlossen hältst
Ist das Gestern gegenwärtig
Seliger Zustand
Du gehst in den Tag
Und mit jedem Schritt, den du tust
Wirst du ein Wort, einen Blick, eine Zärtlichkeit
Von ihr verlieren.

Manchmal muss ich weggehen
Um bei dir bleiben zu können
Ich suche die Liebe draußen
In der weiten Welt
Und wenn ich sie wiedergefunden habe
Kehre ich zurück
Im Reisegepäck ein Geschenk
Meine Liebe zu dir

Anna schloss die Augen. Noch nie hatte ein Mann sie berührt. Sie sah ihre Mutter. Jahr für Jahr ein Kind. Geburten, Begräbnisse und wieder Geburten und Begräbnisse. Nein, solch ein Leben wollte sie nicht führen. Sie wollte frei sein, die große Liebe würde ihr begegnen und sie wären auf immer glücklich miteinander. Oh, sie sah genau, wie ihre Mutter ihren Mann Nikita verachtete. Warum lebte sie dann mit ihm zusammen? Warum hatte sie ihn dann geheiratet? Nein, lieber sterben als solch ein Leben zu führen.

Schnell waren die zwei Tage vergangen. Auf dem Rückweg ließen sie sich in Romeskaln absetzen. Sie würden mit der nächsten Kutsche weiterreisen. Fürst Trubetzkoi hatte das kleine Gut bald wieder verkauft, an den Obristen von Sternstrahl. Gerade hatten sie ihr Mahl im Freien, im Schatten der großen Eichenbäume, beendet, als Gesang ertönte. „Diese Zigeuner sind eine Plage. Singen, statt zu arbeiten. Und wenn du mit ihnen sprechen willst, sind sie weg. Wie vom Erdboden verschwunden. Ich werde Romeskaln wohl auch bald aufgeben, es bringt nichts ein." Von Sternstrahl goss sich Wodka nach. „Lasst uns anstoßen! Auf Russland! Auf die Zarin!"
Anna war dem Gesang nachgegangen. Immer wenn sie glaubte, ganz nah zu sein, wurde er wieder leiser und verlor sich in der Ferne. Ihr Vater würde erst aufbrechen, wenn die Flasche geleert war. Sie hatte also Zeit. Ein kleiner Weg schlängelte sich durch den dichten hohen Wald. Anna folgte ihm. Der Wald wurde immer dichter und plötzlich stand Anna vor einem Abgrund. Es ging steil etwa fünf Meter nach unten. Dort saßen die Zigeuner.

Sie hatten sich an einer Quelle niedergelassen und unter stetig auf- und abschwellendem Gesang schöpften sie das Wasser mit ihren Händen und benetzten sich damit. So vertieft waren sie in ihr Tun, dass sie Anna erst bemerkten, als diese abrutschte und sich mit einem kleinen erschrockenen Schrei gerade noch an einer vorstehenden Wurzel festklammern konnte. Die Zigeuner hatten wie erstarrt gestanden. Auch sie waren erschrocken. Einer der ihren, ein noch junger Zigeuner, hatte Anna aus ihrer misslichen Lage befreit. Ihr rechter Fuß war verstaucht und schmerzhaft angeschwollen. Sie legten Anna auf den Boden und kühlten den Knöchel mit Quellwasser. Eine alte Zigeunerin hockte sich neben sie. Lange und aufmerksam betrachtete sie Annas Gesicht. Dann begann sie merkwürdige Zeichen in die Luft zu malen und dabei beschwörend ein Wort zu murmeln, das wie „Marelabrana, Marelabrana" klang. Sie holte tief Luft und mit einem lauten „Hej Ja!" tauchte sie beide Hände in das Wasser der Quelle und legte sie, nass wie sie waren, auf Annas Gesicht. Sie drückte so fest zu, dass Anna nach Atem ringen musste. Die Zigeunerin löste ihre Hände. „Bringt sie weg!", befahl sie.

In Begleitung von zwei zerlumpten Kindern, einem Jungen und einem Mädchen, trat Anna den Rückweg an. Seltsam, sie spürte keinerlei Schmerz mehr im Fuß, auch die Schwellung war kaum noch zu sehen. Kurz bevor sie das Gut wieder erreicht hatten, liefen die beiden Kinder davon. Sie verschwanden im dichten Wald, der sie mit seiner Dunkelheit bald verschluckt hatte.

Anna ging zurück zum Tisch, als wäre nichts gewesen. „Geh! Wasch dir die Hände! Wir wollen aufbrechen!" Anna ging zum Haus. Was sie erlebt hatte, war ein Wunder. Sie würde niemandem davon berichten. Es war ihr Geheimnis. Sie tauchte die Hände in die Porzellanschüssel. Im Spiegel sah sie ihr Gesicht. Die Narbe auf ihrer Stirn, die sie so sehr hasste, war verblasst, obschon noch sichtbar. Noch ein Wunder war geschehen! Sie hätte die ganze Welt umarmen können.

Von draußen rief Fürst Trubetzkoi nach seiner Tochter. Anna beeilte sich ihre Hände abzutrocknen und ging hinaus. Sie ging nicht, sie schwebte. Ihr Vater blickte sie an, als sähe er Anna zum ersten Mal. Das war seine Tochter? Diese junge Frau? Irgendetwas schien verändert, doch er wusste nicht, was es war.

Anfang Juni bin ich in die „Runde Ecke" bestellt. Sie haben neues Material gefunden, das die Stasi über mich angelegt hat... Kolja hatte ich 1976 in Berlin kennen gelernt. Ich arbeitete als Volontärin bei Radio DDR in der Wirtschaftsredaktion, und er war Redakteur bei „Hallo – Das Jugendjournal".
Wir waren wirklich ein lustiges Paar und auf der Straße drehten die Leute sich nach uns um. Ich – klein und zierlich, mit rabenschwarz gefärbtem Haar. Er – groß, dick und kugelrund, mit feuerroten gekräuselten Haaren und einem ebensolchen Bart.
Er war im Lager geboren worden, in Kasachstan. Als Jude und Sohn einer VDN[28] besuchte er eine besondere Schule, kannte Nina Hagen, Wolf Biermann, Christa Wolf und wie sie alle hießen, und über seine Mutter natürlich auch das gesamte Politbüro der SED hoch und runter.
Mit ihm gab es immer viel zu lachen, und er sprudelte über vor wundersamen Geschichten, die so unglaublich waren und die er so spannend zu erzählen wusste, dass man glaubte mittendrin zu stecken.
Lieben konnte ich ihn, aber mit ihm zu leben, das war ein Unding, denn er verfügte über eine seltsame Eigenart:
Wer auch immer gerade anwesend war, wurde zum Mittelpunkt all seines Denkens und Fühlens. Verließ dieser Mensch den Raum, dann existierte er nicht mehr. Es war, als hätte es ihn nie gegeben und kein Gedanke wurde mehr an ihn verschwendet. Tauchte dieser Mensch dann wieder auf, so galt ihm sofort wieder Koljas ganze Intensität und Lebendigkeit. So ging er mit allen um, auch mit mir.
Und das war für eine Partnerschaft, wie ich sie mir damals erträumte, nicht gerade der Hit.
Ich verließ Berlin und ging nach Leipzig zum Studium.
Unsere Beziehung blieb bestehen, und auf eine gewisse Weise retteten wir uns sogar gegenseitig das Leben.

---

[28] Verfolgte des Naziregimes

Als ich im fünften Monat schwanger war, musste ich ins Krankenhaus. Es war mein erstes Kind und ich spürte schon seine Bewegungen. Die Ärzte sagten mir, ich hätte Unterleibskrebs, und auf einer Skala von Null bis Fünf den Wert Vier, also schon ein fortgeschrittenes Stadium, und sie drängten auf eine Totaloperation.

Es waren gerade Semesterferien, all meine Mitstudenten und Freundinnen hatten Leipzig verlassen, der Kindesvater war gerade bei der Armee, und zu meinen Eltern hatte ich damals keinen Kontakt.

Ich war also ganz allein mit diesem Problem.

In dieser Situation stand Kolja plötzlich in der Tür, wie ein rettender Engel.

Weiß der Teufel, wie er davon erfahren hatte, er war da und nahm mich in seine Arme und machte mir Mut, das zu tun, was ich für richtig hielt.

Ich wollte mich nicht operieren lassen, wollte das Kind bekommen und ich unterschrieb, dass ich das Krankenhaus auf eigene Verantwortung verlasse.

Die Geburt verlief völlig unkompliziert, Anna war gesund und putzmunter, und nach zwei Jahren Zytologiesprechstunde sagte man mir: „Sie brauchen nicht mehr kommen. Alles ist okay."

Jahre später war Kolja bei mir zu Besuch. Und aus heiterem Himmel bekam er einen Magendurchbruch, gerade, als er auf der Toilette saß.

Die Schüssel war voller Blut und er lag bewusstlos am Boden, mit gebrochenem Nasenbein.

Ich weiß nicht, woher ich die Kraft nahm, aber ich hievte diesen großen schweren Kerl zum Bett und alarmierte dann die SMH[29].

Es war allerhöchste Zeit. Die Operation dauerte stundenlang.

Sein Leben hing an einem Faden.

Auch nachdem ich geheiratet hatte, blieb unsere Beziehung bestehen. Ich besuchte ihn oft in Berlin oder er war tagelang in Leipzig unser Gast.

Er war mein engster Vertrauter, und ich besprach alles mit ihm und umgekehrt glaubte ich, dass es genauso sei.

Schlag 1989 zog er sich konsequent zurück, meldete sich nicht mehr. Ich habe es damals nicht verstanden und es hat wehgetan, ich habe ihn vermisst. Erst jetzt, da ich die Akten las, begann ich zu verstehen.

---

[29] Schnelle Medizinische Hilfe

Da stand es, schwarz auf weiß, seitenlange Berichte über mein Eheleben, meine Kontakte, meine politischen Anschauungen, Filme, die er von unserer Wohnung aufgenommen hatte, Briefe, meine Tagebücher und Kalendernotizen – alles fein säuberlich abgelichtet für die „Genossen". Sogar seinen Gästeschlüssel brachte er ihnen, damit sie in aller Ruhe einen Abdruck machen konnten, um dann bei passender Gelegenheit unsere gesamte Wohnung zu verwanzen.

Die Gefühle, die dieser Verrat in mir ausgelöst hatte, kamen erst in den Tagen und Wochen danach. Bitterkeit, Wut, Hilflosigkeit, Nichtverstehenkönnen und Nichtverstehenwollen. Kolja, mein lieber dicker Kolja, war also ein Verräter. Und ich habe ihn geliebt, ihm vertraut, habe nichts bemerkt und nichts geahnt.

Erst Ende Juni hatte ich wieder einen Termin bei Bianca und ich wusste schon gar nicht mehr, was ich bei ihr sollte. Ihr mein Leid klagen? Weiter am Durchfall arbeiten? Es war eh alles müßig und zwecklos und vergeblich. Ich war so müde geworden. Lebensmüde.

In dieser Zeit standen zwei Menschen fest an meiner Seite. Meine Kinder. Anna und Max. Sie hörten mir zu, machten mir Mut, waren für mich da, brachten mich wieder zum Lachen, nahmen sich Zeit. Sie sind ein Geschenk des Himmels, und ohne ihren Zuspruch wäre ich sicher tief versackt, hätte mich noch mehr hängen lassen.

Ja, ich habe Bianca mein Leid geklagt. Die Müdigkeit, die Existenzangst, die Vergeblichkeit, die Anstrengung, Koljas Verrat, und immer wieder die Resignation.

Bianca hört aufmerksam zu: „Ohlala, da ist ja viel in Bewegung geraten bei dir. Lass uns herausfinden, was der Kern des Ganzen ist."

Sie testet:
Es ist der Schmerz um den Priester. Aufgewühlt und wiederbelebt durch das Wochenendseminar Anfang Mai, durch meine Begegnung mit Joël. Aber es ist ein alter Schmerz, herrührend aus der Zeit der Fürstin.
Die Nieren testen schwach – die zugehörigen Gefühle sind Angst, Verlustangst, Machtlosigkeit, Enttäuschung.
Das Problem seit alters her: Ich suche Halt bei anderen Menschen. Doch

die sind damit überfordert. Ziehen sich instinktiv zurück. Keiner kann mir den Halt geben, den ich brauche. Weil dieser Halt in mir ist. Und nur dort. Nicht im Außen. Mein weiblicher Anteil hat sich total zurückgezogen, ist abgespalten.

Die Trance:
Ich sehe einen hohen großen Spiegel. Mein weiblicher Anteil hat sich dahinter versteckt, kauert zusammengekrümmt, wie erstarrt, und lässt sich nicht hervorlocken.
Mia, meine Katze, taucht auf als Helferin. Sie geht zu diesem Wesen, leckt die Zehen, umschnurrt die Beine und je länger Mia das tut, um so mehr löst sich die Starrheit der Gestalt auf, als würde sie schmelzen, tauen, weich und biegsam werden.
Die Figur kommt hinter dem Spiegel hervor. Sie heißt Maria, ist mädchenhaft schlank und jung, hat braune Augen und kurzes, dunkles Haar. Sie trägt ein dunkelrotes Patchwork-Zipfelkleid aus schimmerndem Taft, das bis zu ihren Knien reicht. Maria und ich gehen mehrmals durcheinander hindurch, sind körperlos, durchdringen uns. Dann bleibt Maria in mir, schrumpft, legt sich in eine Nussschale wie Däumelinchen und richtet sich in meinem Herzen ein.

Ich muss mich um Maria kümmern, das ist meine Hausaufgabe, die mir Bianca mit auf den Weg gibt. Und noch ein wichtiger Hinweis: „Deine Nieren haben schwach getestet, das heißt auch, du hast die Kraft von dir genommen, hast deine eigenen Reserven angezapft, und da legt der Körper halt ein Fettdepot an."
Nach dieser Sitzung geht es mir sehr gut.
Ich rede mit der kleinen Maria in der Nussschale, denke täglich an sie, schicke ihr Reiki, frage sie um Rat. Diese innere Zwiesprache stärkt mich zunehmend.
In den Kursen bin ich wieder konzentriert und kraftvoll. Der tiefe Husten hält sich noch und auch der Durchfall stellt sich nach kurzer Pause wieder ein, aber es belastet mich nicht mehr.
Ab und zu kommt ein wunderbarer Traum zu mir:

Ich tanze Walzer. Solange ich die Augen geöffnet habe, ist immer die

Angst da, irgendwo anzuecken oder anzustoßen, oder das Gleichgewicht zu verlieren. Wenn ich die Augen schließe, ist alles ganz einfach. Sicher und leicht und geborgen werde ich geführt.

Die letzten Kurstage vor der Sommerpause machen total Spaß.
In einer Gruppe, die schon seit mehreren Jahren kommt, erzähle ich von der Fürstin und von meinem Buchprojekt. Ich hatte es mir nicht vorgenommen, davon zu berichten, bisher wussten nur einige wenige davon. Aber irgendwie ergab es sich so im Gespräch und wir sitzen im Kreis und reden zwei Stunden lang in aller Offenheit. Die Atmosphäre ist so liebevoll und wahrhaftig, dass mir fast die Tränen kommen. Am Ende sagt eine Frau: „Wer weiß, vielleicht haben wir in genau dieser Runde schon oft zusammengesessen, in einem anderen Leben."
Ja, wer weiß…

Vor mir liegen sechs Wochen Sommerurlaub.
Sechs Wochen Arbeitsurlaub.
Sechs Wochen ohne äußere Unterbrechung schreiben können, dranbleiben können.
Welch ein Luxus!

Zu Hause angekommen, lief Anna in den Stall, zu Sascha.

Nein, sie konnte ihr Geheimnis nicht für sich behalten. Sascha, ihr Vertrauter, ihr lieber Sascha, er sollte erfahren, was sie bei den Zigeunern in Romeskaln erlebt hatte. Sascha, der den Pferden gerade neues Heu brachte, ließ die große, breitzinkige Gabel sinken. „Gottes Wege sind unergründlich." Er strich sanft mit dem Zeigefinger die Form der Narbe auf Annas Stirn nach. „Sie ist kaum noch zu sehen. Ein großes Geschenk. Ich freue mich mit dir, als wäre diese Gnade mir geschehen. Lass uns heute Abend in die Mariä-Verkündigungskirche zum Gottesdienst gehen. Wir wollen Kerzen anzünden, gemeinsam beten und danksagen."
Anna blieb noch lange im Stall und half, so gut sie konnte. Sie sehnte den Abend herbei. Sascha hatte Recht. In ihrer Freude hatte sie vergessen, den Zigeunern Dank zu sagen. Sie wollte für sie

beten, bis die Kerzen heruntergebrannt waren, und sie würde ihnen bei ihrer nächsten Reise nach Livland etwas zukommen lassen.

Die Mariä-Verkündigungskirche gehörte zum Alexander-Newski-Kloster. Sie lag am äußersten Rande der Stadt, im Südosten. Mit ihrem hohen Terrassendach und den langgestreckten Fenstern wirkte sie heiter und gütig, Ruhe gebietend und ausstrahlend, natürlich und schlicht. Selbst die Newa, die hinter der Anlage vorbeiströmte, schien bemüht, jedes Plätschern und Strudeln zu vermeiden, nur ja keine Geräusche zu machen, um die stille Harmonie des Ortes nicht zu stören.

In einer kleinen Kutsche fuhren Anna und Sascha die Große Perspektive[30] entlang. Die Straße führte schnurgerade, wie mit dem Lineal gezogen, auf einen kleinen runden Platz. Dort machte sie einen Knick und ein großer hölzerner Wegweiser zeigte nach rechts, Richtung Nowgorod. Die Kutsche verließ nun den Hauptweg, rollte geradeaus, in das Dunkel eines dichten Waldes, das sich erst wieder lichtete, als sie das Kloster erreicht hatten.

Vor der Klosteranlage war die Erde aufgeschüttet und Leibeigene pflanzten eine Eibenhecke. Auf diesem Friedhof des Heiligen Lazarus sollten die Petersburger Fürsten und hohen Würdenträger ihre letzte Ruhestätte finden. Anna blieb stehen und schloss die Augen. Ob sie einstmals auch hier liegen würde?

Und wie eine Antwort auf ihre stumme Frage ertönte ein lautes „Njet![31]" Ein Offizier hatte einen der Bettler, die wie ein dicker, dunkler, erdiger Klumpen den Eingang belagerten, grob mit dem Fuß beiseite gestoßen. Anna sah, wie Saschas Gesicht sich verfinsterte. Sie nickte ihm zu und Sascha warf dem Bettler eine Kopeke zu.

Sie betraten die Kirche. Im Zuge der Tür flackerten die Öllämpchen aufgeregt hin und her und Anna beeilte sich die große, knarrende Tür wieder zu schließen, die schwer hinter ihnen ins Schloss fiel.

---

[30] heute: Newski Prospekt
[31] Nein!

Datum: 23.09.2006 20:33:51 brutto,00000
Kasse: cb

Artikel Menge   Preis   MwSt   Summe

Die Zeit der Schmetterlinge. Eine on
          1   14,90   7,0%   14,90

                          Summe: 14,90

                          bar: 20,00
                          zurück: 5,10

MwSt. 7,0%   0,97
MwSt 16,0%   0,00
MwSt Summe   0,97

Entgelt: 13,93

Anna bekreuzigte und verneigte sich tief, legte mehrere Kupferstücke auf den Opferteller und entnahm eine Handvoll dünner, langgezogener Kerzen. Sie ging nach vorn, entzündete die Kerzen und steckte sie in die vorbereiteten Gefäße.

Eine der Kerzen spielte verrückt. Sooft sie auch das Wachs tropfen ließ und die Kerze hineinpresste – die Kerze blieb widerspenstig, neigte sich immer wieder, kippte um und wollte und wollte nicht stehen bleiben.

Die Messe hatte begonnen. Vielstimmiger Gesang stieg machtvoll auf, brach sich an den Säulen und Kuppeln und senkte sich wieder herab auf die Gläubigen. Anna war noch immer mit ihrer Kerze beschäftigt. Die Priester durchschritten das Schiff der Kirche und schwenkten würdevoll ihre Weihrauchkessel. Einer der Priester blieb dicht neben Anna stehen, nahm ihr die Kerze aus der Hand und in Sekundenschnelle hatte er sie sicher aufgesteckt. Schon schritt er weiter und Anna sah nur noch seinen Rücken und die goldschimmernde Stickerei auf seinem Gewand. Für einen Augenblick hatte sie seine Augen gesehen. Junge, klare Augen, von einem Blau, dass sich der Himmel getrost dahinter verstecken konnte. Und sie hatte noch etwas bemerkt. Dem Weihrauch, der in ihre Nase stieg, war eine seltsame andere Nuance beigemischt. Der Geruch ging von dem Priester aus, woran erinnerte er sie nur?

Anna stand noch, da hatte sich die Kirche bereits wieder geleert. Die Messe war beendet, doch Anna wollte bleiben, bis auch die letzte ihrer Kerzen heruntergebrannt war. Voller Dankbarkeit gedachte sie der Zigeuner und zum ersten Mal sah sie ihren Unfall in einem anderen Licht. Das Ausgeschlossensein von den Bällen und Zerstreuungen der anderen adligen jungen Mädchen erschien ihr mit einem Mal wie ein Geschenk der Freiheit. Ja, ihre Behinderung hatte sie frei gemacht von vielerlei Verpflichtungen, und da sie den Alltag der anderen nicht teilte, wusste sie auch mit ihren Gesprächen nichts anzufangen. Wer mit wem, die Kunst der Fächersprache, die Mode, das Schminken, der Tanz…

Sie blickte auf ihre Finger. Unter den Nägeln war wieder mal alles schwarz. Alles, was auf ihrem Wege lag, musste sie berühren.

Das Gras, die Blätter der Bäume, die Skulpturen in den Parks, den Marmor der Säle, das vergoldete Lindenholz der Spiegel, den Samt der Sessel, den Stoff der Tapeten, die Gitter der Zäune. Sie tat es absichtslos, ihr Gehen war ein zärtliches Streifen, und solange sie denken konnte, hatte sich unter ihren Fingernägeln, die sie immer aufs Peinlichste bemüht war, sauber zu halten, schon nach kürzester Zeit ein dunkler Halbmond gebildet. Undenkbar, diese Hände beim Menuett graziös dem jeweiligen Gegenüber hinzustrecken...

Sie hatte gelernt, ihr „Humpelbein" geschickt einzusetzen, wenn es darum ging, sich vor einem gemeinsamen Spaziergang oder einem offiziellen Empfang zu drücken. Dann klagte sie über Schmerzen, und wenn sie dann alleine war, gab sie sich ganz ihrer Lieblingsbeschäftigung hin, dem Tagträumen.

Anna trat aus der Tür. Sie entdeckte Sascha auf einer der vielen Bänke. Leise unterhielt er sich mit einem Priester. Sie wirkten wie Brüder.

Im Näherkommen bemerkte Anna wieder den Duft, der sie in der Kirche schon irritiert hatte. Ein ganz feiner, kaum spürbarer Hauch von Veilchen ging von dem Priester aus. „Setzen Sie sich doch zu uns und genießen mit uns die abendliche Stille." Der Priester blickte Anna an. Was für Augen! Noch nie hatte Anna in solche Augen gesehen. Weit und klar, gütig und verstehend, liebevoll und zart, und dann dieses Blau... Der Blick schien sie ganz zu durchdringen, und Anna fühlte, wie ihre Knie anfingen zu zittern. Sie nahm Platz, sah auf die Kirche, die der Abend in ein warmes, weiches Licht getaucht hatte und immer noch fühlte sie den Blick des Priesters auf sich ruhen. Sie schloss ihre Augen. Mochte er ihr Gesicht ruhig betrachten. Als sie ihre Augen wieder öffnete, begegnete sie dem Blick des Priesters und, wie in einer geheimen Absprache, schloss jetzt er seine Augen, als schien er damit sagen zu wollen: So, und nun betrachte du mein Gesicht.

Anna wusste nicht, wie lange sie so gesessen hatten. Jede Linie, jede Kontur, jede kleine Falte hatte sie sich eingeprägt, noch im Traum hätte sie sein Gesicht zeichnen können. Je länger sie sich in seine Züge vertieft hatte, umso vertrauter erschien ihr alles. Als würde sie ihn seit Urzeiten kennen und als sei ihre Begegnung nur ein Wiedertreffen nach langer Zeit.

Sascha war es schließlich, der das Schweigen brach. Ihm war die feine Energie, die zwischen Pater Emmanuel und Anna hin- und herpulsierte, nicht entgangen. Fast körperlich hatte er sie spüren können. Doch jetzt mahnte er zum Aufbruch. Es war spät geworden und die Kutsche erreichte Petersburg erst kurz vor Mitternacht.

Pater Emmanuel hatte der Kutsche nachgesehen, bis ihr Geräusch in der Ferne verklungen war. Irgendetwas war geschehen an diesem Abend, für das er keine Worte fand. Er betrat die Kirche, ging zu dem Platz, an dem Anna gestanden hatte und kniete dort nieder.

Die folgenden Wochen verflogen für Anna wie im Rausch. Sie träumte lächelnd vor sich hin, und wenn man sie ansprach, schien ihre Antwort von weit her zu kommen. Sie lebte entrückt in einer anderen Dimension und das Gesicht des Priesters war allgegenwärtig. Jede Zelle ihres Körpers war erfüllt von einem Hochgefühl, das alles leicht werden ließ und mühelos. Sie fühlte sich schön und kraftvoll, ihre Augen strahlten. Alle Härte, alle Bitterkeit war von ihr abgefallen. Wie eine Schlange hatte sie sich gehäutet und unter der Schale kam eine Anna hervor, die unversehrt geblieben war. Wie ein unschuldiges Neugeborenes sah sie voller Staunen auf die Welt, entzückt über jede Begegnung, jedes Wort, jede Blume, jedes Tier. Alles wurde zum Geschenk, als sei es einzig und allein für sie, für Anna, erschaffen worden. Sie wandelte in diesem Paradies als Herrscherin und gleichzeitig demütige Dienerin der Schöpfung, die ihr zu Füßen lag. Alle Gedanken und Zweifel hatten sie verlassen, sie fühlte sich leer und gleichzeitig vollkommen erfüllt, eins mit allem, was war und was sein würde. Sie hatte keine Worte, wollte auch keine finden, sondern gab sich diesem göttlichen Zustand ganz hin. Sie war nicht von dieser Welt und doch vollkommen in dieser Welt.

Sie las, sie ging spazieren, sie saß bei Tische, sie versäumte keine Stunde Unterricht, sie schrieb Briefe an Peter, sie stritt mit der Köchin, die wieder Speck auf ihren Teller gelegt hatte, sie half Sascha im Stall, sie begann, ihre jüngeren Geschwister zu unterrichten, sie unterhielt sich angeregt beim Nachmittagstee mit den vornehmen Gästen des Hauses und – sie sehnte die Nacht herbei.

Im Einschlafen stand die Gestalt des Priesters vor ihrem inneren Auge, zum Greifen nahe, und getreulich berichtete sie ihm alles, was sich am Tage zugetragen hatte.

Und wenn die Gestalt des Priesters zu verblassen drohte, bat sie Sascha, mit ihr zum Newski-Kloster, zur Mariä-Verkündigungskirche, zu fahren...

Vom ehemaligen Reichtum des alten Adelsgeschlechtes der Feofans war so gut wie nichts mehr übrig. Geblieben waren der Name und das Heiratsversprechen, das Emmanuels Vater mit dem alten Katanow ausgehandelt hatte. Und als die Gräfin Ludmila Katanowa ihr 18. Lebensjahr vollendet hatte, fand die Hochzeitszeremonie statt.

Auch Anna und ihre Eltern waren geladen zum Fest. Anna kannte Ludmila. Beide waren sie damals verliebt gewesen in Monsieur Valmont, den Tanzlehrer, den „Chinesen". Doch seit ihrem Unfall hatte Anna Ludmila nicht mehr wiedergesehen.

Und nun sollte diese blasse, brave Ludmila, der es an jeglichem Feuer mangelte, Emmanuels Frau werden. Dieser Umstand mobilisierte in Anna mächtige Energien. Sie hasste Ludmila, doch sie würde sich ausgesucht höflich und freundlich verhalten. Sie litt Qualen – und wenn diese Qualen ein Gradmesser ihrer Liebe zu Emmanuel waren, dann war diese Liebe unermesslich.

Jetzt erst recht! Sie würde ihn erobern, um ihn kämpfen, er gehörte ihr, er war die große Liebe, von der die Zigeunerin gesprochen hatte – und sie würde ihn bekommen, egal, welchen Preis sie dafür zahlen musste.

Anna konnte an nichts anderes mehr denken. Sie steigerte sich hinein. In ihren Tagträumen sah sie sich mit Emmanuel fliehen, weit weg, dorthin, wo keiner sie kannte. Und sie schwelgte in dem Gefühl dieser freien, ungebundenen Liebe. Auf einem Pferd würden sie davon reiten und für immer verschwunden sein... Pater Emmanuel versah seinen Dienst wie gewohnt. Keiner ahnte, welch innerer Aufruhr in seinem Herzen tobte. Eine Leidenschaft hatte sein Herz ergriffen, der er völlig unvorbereitet ausgeliefert war. Anna hatte ein Licht in ihm entzündet, das ihn zu verbrennen drohte. Im Schlaf warf er sich aufgeregt hin und her, die Träume, die ihn heimsuchten, ließen ihn mit feuchtem, hartem, schmerzendem Geschlecht erwachen, und er sehnte die Tage herbei, an denen er in die Kirche schritt und Anna vor ihm stand.

Nie wusste er, wann sie kam. Und Gott, den er um Erlösung von seinen Qualen anflehte, dieser Gott hatte seine Heirat beschlossen mit einer Frau, die ihm völlig fremd und egal war.

Ihm schien, als würde er Anna schon ewig kennen. Die Vertrautheit zwischen ihnen war gegeben von ihrer ersten Begegnung an, die nun schon drei Jahre zurücklag. Wie sie ihn angesehen hatte, unschuldig und voller Liebe. Doch er sah auf dem Grunde ihrer Augen auch die Einsamkeit, die Scheu und die Verletztheit eines Kindes. Nichts konnte sie vor ihm verbergen. Er las in ihr wie in einem Buch. Und er erkannte sich in ihr wie in einem Spiegel.

Wie schön sie war. Er wollte seine Arme um sie legen, sie fest an sich ziehen, ihren Atem auf seiner Haut spüren... Warum hatte Gott ihm diese Prüfung auferlegt? Ja, diese Liebe war eine Sünde, fesselte sie doch seine ganze Aufmerksamkeit, bannte und fixierte ihn auf einen Punkt, der Anna hieß. Er ertappte sich dabei, wie er ihren Namen wieder und wieder vor sich hersagte, wie ein Lied, wie eine Beschwörungsformel.

Manchmal verstrichen Wochen, dass Anna nicht kam, und am Ende dieser Wochen mochte es sein, dass er aufhörte ihr Kommen herbeizusehnen und anfing zu beten. Er erflehte den Zustand, der ihm verloren gegangen war. Einen Zustand der Ruhe und des inneren Friedens, der Gelassenheit und Heiterkeit, der Würde und seelischen Freiheit, einen Zustand der Liebe zu allem, was die Schöpfung hervorgebracht hatte. Wie ein aus dem

Paradies Vertriebener hatte er um Rückkehr gebetet, um Einlass in das verlorene Reich. Doch sobald Anna kam, fielen all diese Gebete wie ein Spuk in sich zusammen und die Liebe zu ihr bezog erneut sein Herz und ließ für nichts anderes Raum.

Nach dem Gottesdienst saßen sie immer noch ein oder zwei Stunden beisammen. Er stellte eine Karaffe schimmernden Rotweins auf den Tisch, und während Sascha die Petersburger Neuigkeiten erzählte, tranken er und Anna still aus ihren Gläsern. Nach jedem Schluck tauschten sie die Gefäße aus, um ihre Lippen genau an jene Stelle zu setzen, die der Geliebte gerade eben noch berührt hatte. All das geschah schweigend, in stillem Einverständnis.

Nun, da er verheiratet war, konnte er Anna regelmäßig sehen. Ludmila gab einmal in der Woche, jeden Dienstag, eine Teegesellschaft, zu der sie ihre Freundinnen einlud. Anna kam, legte ab, gab sich heiter und unbeschwert. Er saß meist abseits, scheinbar in ein Buch vertieft. Und doch entging ihm nicht diese winzige Geste, mit der sie begann, ungeduldig an ihrem Ohrläppchen zu zupfen, wie eine Löwin, bereit zum Sprung, wartend auf die Gelegenheit, mit ihm allein zu sein. Diese Gelegenheit kam nie. Und so verstanden sie es, sich inmitten der Gäste, Zeichen ihrer Liebe zu geben. Ein Augenaufschlag zur rechten Zeit, eine flüchtige Berührung im Vorbeigehen, ein Lächeln, von dem sie wussten, dass es füreinander bestimmt ist...

Wenn Anna dann wieder gegangen war, mochte es sein, dass er mit seiner Frau schlief und sich vorstellte, Anna läge in seinen Armen.

Gott hatte ihn an diesen Platz gestellt, und er würde sich der Verantwortung gegenüber seiner Frau und den drei Kindern, die sie ihm inzwischen geboren hatte, nicht entziehen. Wenigstens nach außen wollte er sich korrekt verhalten. Und was sich in seinem Inneren abspielte, ging nur ihn und Gott etwas an. Gott allein war der Richter, und Emmanuel konnte Seinen Richtspruch hören, wenn er einstmals vor Seinen Thron treten würde: Schuldig. Schuldig. Schuldig.

Ich, die ich immer bis zehn oder elf Uhr schlafe, erwache jeden Morgen gegen sieben Uhr, koche Kaffee, rauche, sitze in meiner Küche oder auf der Veranda und warte – auf das erste Wort, die erste Zeile, den ersten Einfall. Dann füllt sich das leere, weiße Blatt, manchmal füllen sich auch fünf oder zehn Blätter. Gegen Mittag kleide ich mich an, gehe essen in die „Gohliser Wirtschaft" – das ist mein einziger Kontakt zur Außenwelt – danach tippe ich das Geschriebene in den Laptop, drucke es aus, lese, korrigiere, verbessere. 18.30 Uhr schalte ich den Fernseher an, „Columbo", ohne Werbeunterbrechung, auf Premiere „13th street". Der gute Peter Falk, umgeben von Darstellern, die so schlecht sind, dass es schon wieder schön ist. Danach trinke ich noch ein Bier, lege Patience und gegen 21 Uhr liege ich im Bett. Freu mich auf den nächsten Tag, auf mich, auf Anna.

Lese in alten Tagebüchern, begegne immer wieder dem gleichen Muster: sobald ich mich für einen Mann interessiere, geht es bergab. Bin fixiert, alles kreist nur noch um diesen Typen, ich vernachlässige meine Arbeit, meine Freunde, meine Kinder, hadere mit meinem Äußeren, werde verkrampft und unsicher, eben weil ich gefallen will. Sobald das vorbei ist, komme ich wieder in meine Kraft, habe Ideen, gute Laune, fühle mich schön und stark.

Ich suche nach Hinweisen zu meinem Durchfall – nichts! Soviel, sowenig war ich mir also wert... Seitenlange Ergüsse über Verliebtheiten, aber nichts über das, was in meinem Körper vorgeht. Deprimierend.

Die Fixierung auf den Mann loslassen lernen – ist Anna deshalb in mein Leben gekommen?

In der ersten Woche meiner Sommerpause habe ich noch einen wichtigen Termin bei Bianca. Ich will ein Gerüst, ein Skelett, um das ich herumschreiben kann. Die Sitzung ist gut, weil ich viele Informationen bekomme, und gleichzeitig nicht gut. Ein eiliges Durchgehetze, ohne Verweilen, ohne Innehalten, dadurch wenig emotional. Ein reines Abarbeiten meiner über fünfzig Fragen, es strengt uns beide an, aber ich bin froh, dass Bianca mir diesen Wunsch erfüllt. Am nächsten Tag habe ich im Testarm Muskelkater und ich habe eine Fülle von Details zu Annas Herkunft, ihrer Kindheit, dem Unfall, ihrer Heirat, ihrem Verhältnis zu dem Priester, zu ihrem Leben in Livland und zu ihrem Tod.

Ich bin froh um dieses Gerüst, schreibe gleichzeitig an zwei Teilen: „Russland damals" und „Deutschland heute". Mein damaliges Leben – mein jetziges Leben. Ich muss die Dinge trennen, sonst verliere ich den Überblick.

Zweifel plagen mich: Bin ich auf dem richtigen Weg? Taugt das was, was ich da schreibe? Ich bitte die Götter, meinen Kleinmut zu zerstreuen.

Die Zweifel „Taugt es was?" werden abgelöst von den Zweifeln „Fällt mir heute etwas ein?".

Der „Deutschland heute"-Text ist intim, zu intim. Soll ich die Ich-Form wirklich lassen? Meinen Durchfall benennen?

Anna Naryschkin hat sich damals mit Maiglöckchen das Leben genommen... Ich gehe in den Keller, suche zwei Tage lang in den Kisten und Schränken, bis ich das Märchen gefunden habe: „Oh Mutter mein, oh Mutter mein, du flötest auf meinem Beinelein".

Ich sehe meine Kinderschrift und ich sehe meinen Großvater Max vor mir. Jeden Tag erzählte er mir ein anderes Märchen und es war immer das gleiche Ritual:

„Opa, war die Elster heute wieder da?"

„Ja, die Elster war da. Sie hat ans Fenster geklopft und ich habe sie hereingelassen."

„Opa, welche Geschichte hat sie dir heute erzählt, bitte, ich will es wissen!"

Mein Großvater rückte sich bequem im Sessel zurecht, schloss die Augen, und begann...

Jeden Tag eine neue Geschichte, er dachte sich die Märchen aus, für mich.

„Opa, wenn ich groß bin, will ich eine berühmte Schriftstellerin werden."

„Aber ja, du kannst alles werden, was du willst."

Ich beschloss, seine Geschichten aufzuschreiben: „Es war einmal eine alte Witwe..." Und mit Buntstiften habe ich die Maiglöckchen dazu gemalt. Nur dieses eine Märchen konnte ich festhalten, sein letztes... Am Tag darauf: Schlaganfall. Sechs Monate lag er noch im Bett und ich sah an seinen Augen, wie sehr er sich die Erlösung, den Tod, wünschte. Sein Tod war das Ende meiner Kindheit.

In dieser Nacht, da ich sein Märchen im Keller wiedergefunden hatte, besuchte er mich, im Traum:

Meine Wohnung füllt sich. Bald sind keine Stühle mehr vorhanden. Wer jetzt noch kommt, muss stehen. Die ganze Verwandtschaft hat sich eingefunden, alle! Ich denke, was wollen die bloß? Wo kommt denn plötzlich Tante Erna her, die ist doch schon lange tot?

Im Raum ist eine sonderbare Spannung, die niemand auflöst. Nur Konversation: Darf ich Tee nachgießen? Noch ein Stück Kuchen?

Wie ein Spuk ist alles plötzlich verschwunden und vorbei. Ich stehe allein im Zimmer und jetzt weiß ich es auch wieder: Ich selbst hatte sie alle eingeladen, sie sollten erzählen, von sich, von ihren Eltern, von ihren Großeltern, kein Detail dürften sie vergessen, ich wollte es wissen, endlich alles wissen, woher ich gekommen bin, wer vor mir war.

Da bemerke ich meinen Großvater. Er sitzt auf dem Ledersessel. Wie alt er ist, sterbensalt...

Langsam steigen wir zusammen die krumme, ausgetretene Wendeltreppe nach oben. Sie führt auf den alten Boden, das Holz der Stufen knarrt unter unseren vorsichtigen Schritten. Ich flüstere: „Weißt du noch, hier an dieser Tür sind wir uns zum ersten Mal begegnet. Ich drückte die Klinke und im gleichen Moment hast du die Tür von innen geöffnet. Der Boden war dein geheimes Versteck."

Kaum sind meine Worte verklungen, ergreift eine Lähmung den gesamten Körper des alten Mannes. Habe ich etwas Schlimmes gesagt?

Ein schlammiger Feldweg, es ist Nacht, ich stütze Großvater, so gut ich kann. Er ist schwer, doch ich habe die Kraft, ihn zu tragen. Jetzt kann ich ihn nichts mehr fragen – er ist gelähmt, kann nicht mehr sprechen.

Wir kommen an ein winziges Häuschen. Durch das geöffnete Fenster klingen Schubert-Lieder. Zum Klang der Musik beginne ich, Großvater sanft zu streicheln und zu massieren. Seine Lähmung vergeht, löst sich unter meinen Händen auf. Wir treten ein.

Der Raum ist langgestreckt und liegt im Dunkel. Einzig in der Mitte befindet sich eine weiße Tafel, die über und über mit brennenden Kerzen bedeckt ist. Ein breites dunkelrotes Sofa steht an der Stirnseite.

Obwohl Großvater jetzt wieder sprechen könnte, will ich ihn nicht nach der Vergangenheit fragen. Ich weiß, er wird bald sterben. Nur das ist wesentlich. Sein Tod soll schön sein!

Ich lege mich auf das Samtsofa und meine Augen bitten ihn, sich auf mir auszustrecken. Wirbel für Wirbel lässt sich sein schwerer Körper auf mir nieder, seinen Kopf bettet er auf meine Brust. Ich halte ihn ganz fest umschlungen. Sein Gewicht gibt mir eine angenehme Wärme. Alle Fragen sind weg. Wichtig ist nur noch sein guter Tod.

Sacht streiche ich über seinen nackten Leib.

Jetzt weiß ich, wo ich herkomme.

Aus diesem Gefühl der Großen Selbstverständlichkeit. Jenseits der Worte.

Die Kerzen sind heruntergebrannt. Großvater ist verschwunden. Doch ich spüre noch seinen Abdruck auf meinem Körper. Die Musik hat eine andere Melodie – es ist nicht mehr Schubert. Ich lausche ihr nach.

$\mathcal{M}$it dem Winter kündigte sich eine Veränderung an. Fürst Trubetzkoi hatte endlich einen Mann für seine behinderte Tochter gefunden. Fürst Alexander Iwanowitsch Naryschkin erschien ihm als der geeignete Kandidat, denn eine Verbindung mit den Naryschkins würde seinen Stand bei Hofe weiter befestigen. Er hatte den Fürsten Naryschkin in seine Bibliothek gebeten und sie waren schnell einig geworden. Als Verlobungstermin wurde der 4. Oktober festgesetzt, die Heirat sollte dann im Jahr darauf stattfinden.

Naryschkin war nur wenig älter als Anna. Als Kammerdiener des Großfürsten Peter hatte er sein Auskommen, doch auch ihm kam die Heirat nicht ungelegen. Er bewohnte eine kleine Stadtwohnung am linken Ufer der Newa. Mit dieser Heirat könnte er fortan einen Teil im Nordflügel des Trubetzkoischen Palais beziehen. Eine echte Verbesserung – und auch die verkrüppelte Anna würde ihm keine Probleme machen.

Naryschkin hatte wenig Erfahrung im Umgang mit Frauen, und der Ruf des unwiderstehlichen Charmeurs ging ihm ganz sicher nicht voraus. Er wirkte eher unscheinbar, blass und zurückhaltend, ja, es kam sogar vor, dass man ihn einfach übersah und seine Anwesenheit vergaß, so still war er.

Den romantischen, feinsinnig verästelten und hochkomplizierten Ritualen der Liebeswerbung, die einen Ball bei Hofe so prickelnd machten, war er nicht gewachsen. Welch endlose Mühen doch ein Kavalier auf sich nehmen musste, bis die Dame seines Herzens den Seidenfächer leicht zum Munde führte, um ihm damit ein Zeichen zu geben, dass sie nun endlich bereit sei für einen Kuss. Diese ewigen „Komm her – Geh weg"-Spiele, diese bizarren Verrenkungen und schmachtenden Blicke, diese vieldeutig hingehauchten Worte und die ach so beredten Gesten – sie konnten ihm gestohlen bleiben. An Annas Seite, als Gemahl einer Trubetzkoi, könnte er aufatmen. Keiner würde mehr von ihm erwarten, dass er an diesem romantischen Schnickschnack teilnahm. Im Grunde seines Herzens wusste er, dass die strikte Ablehnung alles Romantischen einem tiefen Minderwertigkeitsgefühl entsprang. Wie hatte er doch seine Kumpanen ob ihrer Eleganz und Geschmeidigkeit im Umgang mit den Damen heimlich beneidet. Und wie hatte er sich klein gefühlt, wenn die Damen seiner Wahl ihn nach einem missglückten, linkischen Versuch der Annäherung ausgelacht und verspottet hatten. Es war ihm einfach nicht gegeben. Es lag nicht in seiner Natur.

Anna nahm die Tatsache der bevorstehenden Verlobung mit großem Gleichmut auf. An ihrer Liebe zu Emmanuel würde das nichts ändern. Er war immer bei ihr, er wohnte im Palast ihres Herzens, und so würde es bleiben bis in alle Ewigkeit. Sie hatte Fürst Naryschkin mehrmals gesehen, wohl auch mit ihm gesprochen, doch sie erinnerte nicht den Inhalt. Nun, da sie wusste, dass sie ihn heiraten würde, sah sie etwas genauer hin. Doch sie fand nichts, das sie hätte beunruhigen können.

Am nächsten Sonntag, nach dem Gottesdienst, teilte sie Pater Emmanuel die Neuigkeit mit und seine Hand, welche die Karaffe hielt, um neu einzuschenken, begann zu zittern. Auch Sascha blickte ernst. Einzig Anna schien frei von aller Unruhe. Sie hatte sich alles zurechtgelegt:
„Pater, ich möchte, dass Sie mich begleiten, wenn es ihr Dienst erlaubt. Anfang Mai werde ich nach Romeskaln fahren, auf ein Gut, das einmal meinem Vater gehört hat. Der jetzige Besitzer, der Obrist von Sternstrahl, wird nicht da sein, doch ich habe seine

Erlaubnis, einige Tage dort zu verweilen. Ich möchte die Zigeuner aufsuchen und ihnen meinen Dank erweisen, für einen Dienst, den sie mir vor langer Zeit taten. Und ich habe auch schon mit meinem Vater gesprochen. Er hat nichts dagegen, dass Sie mich begleiten, da es für eine junge Frau unschicklich wäre, allein mit der Postkutsche zu reisen. Bitte schlagen Sie mir meinen Wunsch nicht ab."

Es war still geworden im Raum. „Ich werde darüber nachdenken", hatte Emmanuel schließlich zur Antwort gegeben und dann auf raschen Aufbruch gedrungen. Er musste jetzt allein sein. „In einer Woche erwarte ich Ihre Entscheidung", hatte Anna ihm noch aus der Kutsche zugerufen.

Anna blickte lächelnd in die Dunkelheit der Landschaft. Hie und da ein einzelner Baum, dann wieder eine Waldgruppe, die sich in noch tieferem Schwarz vom Dunkel der Nacht abhob. So viele Schattierungen des Dunkels und über allem das Funkeln ferner Sterne und der matte Glanz der weißen Mondsichel, die im Abnehmen war. Sie hatte keinerlei Zweifel an der Zusage Emmanuels.

Sascha lenkte das Gefährt. Er liebte seine Herrin und war ihr treu ergeben. Er fühlte das starke Band der Liebe zwischen Emmanuel und Anna. Sie waren füreinander geschaffen, doch alle äußeren Umstände sprachen gegen ihre Verbindung. Schon mehrmals hatte er versucht, mit Anna darüber zu sprechen, ihr die Augen zu öffnen. Doch jedes Mal war sie ihm ausgewichen, hatte das Thema schnell gewechselt. Und Sascha schwor sich in dieser Nacht, da er sie zurückbrachte nach Petersburg, alles zu tun, was in seiner Macht stand, um Unheil von seiner Herrin abzuwenden.

Emmanuel hatte lange mit sich gerungen. Doch der Gedanke, dass er sie auf immer verlieren könnte, dass sie als Gemahlin des Fürsten Naryschkin dessen Geboten unterworfen war, dass sie womöglich nie wieder einen Fuß über die Schwelle seines Hauses setzen dürfte, all das hatte ihn bewogen, der Reise nach Livland

zuzustimmen. Er wollte jede Minute mit ihr auskosten und er wollte ihr nahe sein, solange es noch möglich war. Dann sollte geschehen, was wolle. Und Ludmila, die unschuldige, nichtsahnende Ludmila, redete ihm sogar noch zu: „Dir tut es gut, wenn du hier mal rauskommst. Mach dir keine Sorgen um mich und die Kinder. Und für Anna bist du ja auch kein Fremder mehr. Sie hat dich bei meinen Teegesellschaften kennen gelernt und sicher weiß sie deine Umsicht und dein Verantwortungsgefühl zu schätzen. Ich verstehe, dass sie um deine Begleitung gebeten hat."

Die Postkutsche hielt. Anna öffnete selbst die Tür und reichte Pater Emmanuel ihre Hand zum Einstieg. Es war eine schweigsame Gesellschaft, hatten doch die Mitreisenden, der Baron von Wolff und der Assessor von Ottonissen, nach dem Austausch der üblichen Höflichkeitsfloskeln, ihre Augen geschlossen, um ein Nikkerchen zu halten. Anna blickte zum Fenster hinaus. Sie war hellwach. Auch Pater Emmanuel sah aus dem Fenster. Hin und wieder lächelten sie sich an. Zum ersten Mal waren sie allein miteinander, und dieser Umstand machte sie befangen, ja scheu. Beide achteten darauf, dass ihrer Körper sich nicht berührten, wenn der Schotter die Kutsche allzu sehr hin- und herschüttelte. So fuhren sie auch noch durch die Nacht. Am Morgen hatten sie Romeskaln erreicht. Sie sahen der Kutsche nach, die weiterrollte, Richtung Riga. Dann nahmen sie ihr Gepäck und gingen den kleinen Berg hinauf zum alten Gutshaus. Es stand offen, doch keine Menschenseele war weit und breit zu sehen. Der Verwalter war sicher auf den Feldern und seine Frau mochte wer weiß wo sein.
Kaum hatten sie abgelegt und ihre Sachen in den oberen Zimmern verstaut, als der Verwalter in die Küche trat. Er stank bereits am frühen Morgen nach Schnaps und brabbelte mürrisch vor sich hin. Anna wies auf ihren Begleiter. „Das ist Pater Emmanuel. Wir werden zwei Tage bleiben und übermorgen nehmen wir die Kutsche zurück nach Petersburg. Ihre Frau soll die Gästezimmer richten, unser Gepäck ist bereits oben. Wir sind müde nach der langen Reise. Mag sie uns zum Mittagessen wekken."

Die Daunenfedern waren schwer und rochen etwas muffig. Anna öffnete das Fenster. Es klemmte und quietschte lautstark in den Angeln. Sie spürte die Müdigkeit in allen Gliedern und so, wie sie war, ohne sich auszukleiden, sank sie ins Bett. Sie schlief ruhig und fest und sie brauchte eine Weile, bis sie das laute Klopfen einordnen konnte. Die Frau des Verwalters war gekommen, um sie zu wecken. Sie hatte auch eine Karaffe mit Wasser, frische Handtücher und Seife mitgebracht. „In einer Stunde können Sie essen."

Anna hatte sich bedankt und nun saß sie vor dem Spiegel. Sie hatte ihre Schätze auf der Kommode ausgebreitet: ein großer, tiefroter Rubin, eine kleine Schachtel mit Diamanten und ein breiter Goldring. Sie tat alles in ein kleines blaues Samtsäckchen, das mit ihren Initialen kunstvoll bestickt war. Noch heute wollte sie es als Zeichen ihres Dankes zu den Zigeunern bringen.

Sie steckte ihr Haar hoch, schüttelte prüfend den Kopf, löste es wieder, flocht es, band es, steckte es erneut hoch – ja, sie wollte schön sein für Emmanuel, aber nichts wollte ihr so recht gefallen. Schließlich zog sie ihrem Spiegelbild eine Grimasse, löste den Haarknoten und ließ das Haar fallen, so, wie es wollte. Es war Zeit, nach unten zu gehen.

Pater Emmanuel hatte sich umgekleidet. Sein dunkler schlichter Anzug stand ihm gut und Anna musste ihn wieder und wieder ansehen. Auch er konnte seinen Blick kaum von Anna lassen. Sie brachten beide, obwohl sie hungrig waren, kaum einen Bissen hinunter. Ihre Befangenheit hatte eher zugenommen und so vermieden sie es, viel zu reden, sagten nur das Notwendigste. Anna zog den Samtbeutel hervor: „Lass uns zu den Zigeunern gehen." Im Aufbruch sagten sie noch der Frau des Verwalters Bescheid, dass sie erst gegen Abend zurück sein würden. „Stellen Sie uns einfach alles in die Küche, wir werden uns selbst bedienen und wir brauchen Sie erst wieder morgen früh."

Die Zigeuner hatten ihr Lager unten am Fluss aufgeschlagen, etwa eine Wegstunde vom Gut entfernt. Als das Gut außer Sicht war, ergriff Emmanuel Annas Hand:

„Bitte Anna, lassen wir die Förmlichkeiten. Ich bin für Sie Emmanuel, Ihr ergebener Diener." Anna senkte den Kopf und blickte auf ihre Hand, die in der seinen ruhte. Langsam nahm sie auch seine andere Hand und drückte sie sanft, zum Zeichen ihres Einverständnisses. Ihre Arme bildeten nun ein Kreuz und am liebsten hätte sie sich jetzt mit ihm gedreht, schnell und schneller, bis zum Umfallen.

„Was ist los?" Emmanuel hatte den Schatten bemerkt, der kurz über ihr Gesicht geflogen war. „Erst die Mühle, dann die Stühle, dann der Wind und dann geschwind." Leise und traurig hatte Anna den Kinderspruch vor sich hergesagt. Emmanuel verstand, was in ihr vorging. Einer Eingebung folgend hob er sie hoch und wirbelte sie, so schnell er konnte, im Kreis. Dann setzte er sie behutsam wieder ab. Beide keuchten vor Anstrengung und Annas Augen funkelten. Vor Freude. „Danke", flüsterte sie.

Sie kamen nur langsam voran. Immer wieder blieben sie stehen, um lange Blicke zu tauschen und die Berührung ihrer Hände ganz auszukosten. Anna spürte ein leichtes, kaum merkliches Kribbeln im Bauch. Es breitete sich aus wie ein funkelnder Wärmeball und bald hatte es jede Zelle ihres Körpers erfasst. Wie die Berührung von tausend Schmetterlingen überzog es sie Welle auf Welle. „Spürst du das auch?", hatte sie ihn gefragt, und er nickte stumm. Die Wellen hatten auch ihn erfasst. Am liebsten hätte er Anna in seine Arme genommen, sich in ihr Haar vergraben, sie geküsst. Aber... Anna bemerkte seinen inneren Kampf. „Emmanuel, mein Lieber. Sieh doch, wie schön es hier ist." Und noch einmal sagte sie: „Emmanuel Mein Lieber" – und sie betonte jedes dieser drei Worte langsam und deutlich, wie einen Schwur.

Endlich hatten sie das Lager erreicht. Es schien wie ausgestorben. Nur die alte Zigeunerin, die Anna damals behandelt hatte, hockte am Fluss, mit dem Rücken zu ihnen. Als Anna dicht hinter ihr stand, sagte die Alte, ohne sich umzudrehen: „Lass sehen, was du mir gebracht hast. Hast lange dafür gebraucht." Anna reichte ihr den Beutel und, ohne ihn zu öffnen, gab die Zigeunerin den Beutel einem kleinen Jungen von etwa sieben Jahren, der aus dem Nichts aufgetaucht war. „Lege ihn zu meinen Sachen." Der Junge lief los und noch immer hatte die Alte ihren Blick nicht gewendet. „Du bist heute nicht allein", fuhr sie fort. „Setzt euch zu mir." Anna nahm rechts von ihr Platz und Emmanuel links. „Bring mir die Pfeife!", befahl sie dem Jungen, der seinen Auftrag schnell erledigt hatte. Er stopfte die Pfeife, zündete sie an und, wie ein Vorkoster bei Hofe, nahm er zunächst drei Züge, bevor er die Pfeife an die Alte weiterreichte. Dann verschwand er, ohne Geräusch, wie ein Geist.

Die Zigeunerin blickte weiter geradeaus. „Du riechst gut, mein Sohn. Nach Veilchen. Hm! Was Seltenes! Und du, meine Tochter, du musst lernen, auf diesem Instrument zu spielen."

Sie kramte in ihren weiten Röcken und zog eine alte Flöte hervor. „Dreimal kannst du ihn damit rufen, wenn du diese Melodie spielst." Sie setzte die Flöte an. Die Melodie klang fremdartig und gleichzeitig vertraut wie ein Volkslied. „Wirst es brauchen." Sie reichte Anna die Flöte. „Und nun geht."

Emmanuel half Anna beim Aufstehen. Sie verneigten sich vor der Alten, die sie während der ganzen Zeit nicht einmal angesehen hatte. Auch jetzt ging ihr Blick durch sie hindurch, wie in weite Ferne und erst jetzt wurde ihnen bewusst, dass die alte Zigeunerin blind war. Wie konnte das geschehen? Anna erinnerte sich genau an ihren Blick, wie er forschend auf ihr geruht hatte, als sie verletzt an der Quelle lag.

Ruka ob ruku[32] gingen sie den Weg zurück. Jetzt war es schon wie eine Selbstverständlichkeit, als hätten sie es seit Ewigkeiten so gehalten.

Anna versuchte, auf der Flöte zu spielen. Die Töne, die sie hervorbrachte, waren kläglich und falsch. Doch sie lachte, sagte, sie wolle üben, es lernen. Wie ging doch die Melodie der alten Frau? Sie hatte den Anfang vergessen, doch Emmanuel erinnerte sich. Zusammen summten sie die Melodie, und als sie verklungen war, blieben sie stehen. Diesmal nahm Emmanuel Anna in seine Arme. Er streichelte ihr Haar und Anna genoss die sanfte Zartheit seiner Hände.

---

[32] Hand in Hand

Als sie zum Gutshaus zurückkamen, war es schon spät geworden. Sie setzten sich in die Küche, tranken Rotwein, aßen Brot und Käse und ihre Hände suchten einander. Entrückt und traumverloren gaben sie sich ganz dem Spiel ihrer Hände hin. Eine Entdeckungsreise, die nie hätte enden sollen, wenn es nach ihnen gegangen wäre. Sie erwachten aus ihrem Traum, als sie den Verwalter hörten, der laut singend über den Hof torkelte. Die keifende Schimpferei seiner Frau vermischte sich mit seinem grölenden Gesang und Anna und Emmanuel beschlossen, nach oben zu gehen. An der Tür nahm Emmanuel Anna in seine Arme, drückte sie fest an sich und flüsterte in ihr Ohr: „Nicht nur Hände."
Beide lagen sie noch lange wach in jener Nacht, erinnerten die Blicke, die Berührungen, die Worte, die sie getauscht hatten. Die Zukunft gehörte ihnen. Noch ein ganzer Tag...

Die Frau des Verwalters hatte den Tisch üppig gedeckt, als wüsste sie um den Heißhunger der Gäste. Käse, Milch, Butter, Brot, Tee, Schinken und für jeden ein frisch gebratenes Steak mit Lauch. Anna wollte Emmanuel die Quelle zeigen und den großen Findling. Doch zuerst wollte sie auf der Flöte spielen. Diesmal ging es schon besser. Einfache, klare Tonreihen, hin und wieder noch ein schriller Misston. „Kennst du noch die Melodie? Merkwürdig, ich habe schon wieder den Anfang vergessen." Emmanuel begann, die Melodie leise zu pfeifen und Anna fiel summend ein. Dann zogen sie los. Emmanuel hatte einen Proviantkorb gepackt für unterwegs. Anna war eine schlechte Führerin. Wo war nur die Quelle? Mal schlug sie diesen Weg ein, mal jenen, bis sie ganz die Orientierung verloren hatte. Und dann, als sie es schon aufgeben wollten, standen sie am Abhang. Unten lag die Quelle und nach kurzem Suchen fanden sie auch den Weg, der zu ihr führte. Sie schöpften Wasser, bespritzten sich wie die Kinder und sie tranken gegenseitig aus ihren Händen. Eine Köstlichkeit, die alles in den Schatten stellte, was sie je zu sich genommen hatten.
Das Moos war etwas feucht und so breiteten sie eine Decke aus. Dort saßen sie, Rücken an Rücken, die Köpfe nach hinten gelehnt. „Was denkst du gerade?", fragte Anna leise. „Ich denke

nicht. Ich bin einfach nur glücklich. Und du?" „Ich wünsche mir, für immer hier mit dir zu sein. Nie wieder aufstehen zu müssen." Anna hatte es ernst und nachdenklich gesagt. „Das wünsche ich mir auch." Emmanuels Stimme klang belegt. Mehr noch als Anna sah er die Schwierigkeiten vor sich. Doch jetzt nur nicht dran denken. Jetzt war jetzt.

„Komm, zeig mir den Findling." Er half ihr hochzukommen, und diesmal hatten sie keine Mühe den richtigen Weg zu finden. Der Stein lag in der Nähe der Poststraße, die Petersburg und Riga verband. Er lag da, inmitten einer kleinen Lichtung und er wirkte erhaben wie ein Altar der Götter der Vorzeit. Er war riesengroß, über und über mit Moos bewachsen und ein feines Strahlen und Pulsieren ging von ihm aus. „Er lebt", sagte Anna, „und er ist ein Stein der Wahrheit. Sieh mal hier, diese Linien, wie eine alte, vergessene Schrift." Emmanuel fuhr mit dem Zeigefinger seiner rechten Hand die Form der Linien nach. „Ein Mund, noch ein Mund, ein Kreis, ein Auge. Ja, sieh mal, es sieht aus wie ein Auge. Was es wohl bedeuten mag?"

Anna und Emmanuel hatten sich dicht an den Stein geschmiegt, wie an einen Geliebten. Sie lauschten, ob er mit ihnen sprechen würde, doch da waren nur das Rauschen des Windes und der Gesang der Vögel. Oben entdeckten sie eine kleine Eidechse, die sich sonnte.

„Hier wollen wir bleiben und Rast machen." Emmanuel breitete die Decke aus und er leerte den Proviantkorb. Wein, Äpfel, Brot, Kaviar, hauchdünn geschnittener Schinken, Lendenstreifen, ein runder frischer Käse. „Füttere mich", bat Anna und legte sich hin. Emmanuel kniete neben ihr. Seine Hände bewegten sich dicht über ihrem Körper, ohne ihn dabei zu berühren. Sie ließen keine Rundung, keine Vertiefung aus. Anna sah ihn mit großen Augen an. Ihr Atem wurde heftiger, und sie spürte eine ungeheure Erregung, die von ihr Besitz nahm. Ihr Körper begann sich unter dem Luftzug seiner Hände zu winden, bis sie es nicht mehr aushielt und mit einem Ruck die Hände nach unten zog. Die Wärme seiner Hände drang wie Feuer durch die Seide ihres Kleides. Mit einer Langsamkeit, die fast schmerzhaft war, strich er sanft und leicht weiter über ihren Leib. „Leg dich hin" flüsterte sie. Anna atmete tief seinen Veilchenduft ein, sie bedeckte seine Hände mit Küssen, sie betastete seinen Körper und sie legte ihre Hand still auf die Härte, die sich zwischen seinen Beinen aufgerichtet hatte, so dass der Stoff spannte. Der Kuss, in dem sie sich schließlich wiederfanden, schmeckte nach Tränen, die angefangen hatten zu fließen, ohne dass sie es bemerkt hätten. Lange lagen sie so, still vereint, mit nassen Gesichtern und Augen, in denen es brannte.

„Anna Meine Liebe" – und auch er betonte diese Worte, dass sie klangen wie ein Schwur.

Sie lösten sich voneinander, strichen ihre Kleider glatt, blickten nach oben, in den Himmel. „Was soll aus uns nur werden?" Im gleichen Atemzug hatten beide diesen Satz gesprochen und beide bereuten es noch im selben Augenblick. Er stand zwischen ihnen wie eine Wand aus Nebel, die kein Auge zu durchdringen vermag. Um das ungute Gefühl zu verscheuchen, hatten sie begonnen, die Melodie der alten Zigeunerin zu summen. Und siehe da, der Nebel lichtete sich und sie konnten einander wieder unbefangen in die Augen sehen.

Sie verloren kein Wort über das, was geschehen war. Der Tag, der so endlos vor ihnen gelegen hatte, begann nun zu vergehen. Sie gingen zurück zum Gut, Anna steckte der Frau des Verwalters einige Rubel zu, sie aßen noch eine Kleinigkeit und gingen zeitig zu Bett. In aller Frühe bestiegen sie die Postkutsche, die sie zurückbrachte nach Petersburg. Die Trauer, die in ihnen stetig und unaufhörlich angewachsen war, seit sie die Postkutsche bestiegen hatten, schnürte ihre Kehlen zu, so dass sie kein Wort herausbrachten.

Ihr Abschied war ein förmliches „Danke. Leben Sie wohl." Und den anderen Insassen der Kutsche wäre nicht im Traum eingefallen, dass es ein Liebespaar war, das sich hier verabschiedete.

Der „Schreibsommer" ist vorbei. Morgen beginnen wieder meine TaiChi-Kurse.

Gestern habe ich die Texte korrigiert und ausgedruckt. Es war beglückkend, das Ergebnis von sechs Wochen Arbeit zu sehen, einfach so, als

Masse, als Gewicht, als bedrucktes Papier. Ob es was taugt, werde ich erst mit Abstand einschätzen können.

Und dann geschah noch dieses Wunder:

Ich gebe in die Google-Suchmaschine „Zarin und Hofstaat" ein und lande bei einem Professor namens Wladimir Troubetzkoy. Und der hat im September 2000 in Marburg einen Vortrag gehalten über Annas Vater, über Nikita Jurjewitsch Trubetzkoi. Wahnsinn! Ein waschechter Nachfahre, noch dazu ein Literaturprofessor, der in Versailles lebt und der ebenfalls zu dieser Zeit forscht. Ich schreibe an die Uni Marburg sofort eine E-Mail, ich muss diesen Vortrag unbedingt haben. Und ich frage auch nach einer Kontaktmöglichkeit zu Wladimir Troubetzkoy.

Ich gebe die französische Schreibweise „Troubetzkoy" in die Suchmaschine ein. Es erscheinen mehr als 1000 Einträge. Ein Troubetzkoy betreibt ein Hotel in der Karibik und ist mit einer Deutschen verheiratet. Eine Troubetzkoy hat mal ein Stück am Broadway herausgebracht, ein Troubetzkoy hat eine Galerie in New York, und, und, und...

Drei Stunden stöbere ich in den Einträgen, klicke mal hier und mal da, dann brennen mir die Augen, nichts geht mehr.

Meine, Annas Familie, zerstreut über die ganze Welt! Ob sie sich über den „Familienzuwachs" durch meine Wenigkeit wohl freuen würden? Welch ungeahnte Recherchemöglichkeiten sich hier eröffneten...

Irgendeiner von denen muss einfach auch was über Anna wissen. Wie gern wüsste ich, wie sie aussah! In mir ist kein deutliches Bild von ihr, deshalb kann ich sie in meinem Text auch nicht so gut beschreiben.

Aber zuerst werde ich an Wladimir Troubetzkoy schreiben. Und er wird mir antworten, mir helfen, wir werden uns treffen, vielleicht gefällt er mir ja als Mann? Wie mein Herz klopft. Wladimir, Wladimir...

Wochen später:

Anna hat sich zurückgezogen. Je mehr ich von ihr erfahre, umso verschwommener wird ihre Gestalt, umso mehr Fragen tauchen auf.

Das Glück des letzten Sommers – einzutauchen in die Geschichte, ihr ganz nah zu sein – vorbei! Werde ich diese Nähe jemals wieder spüren? Damals schrieb ich einfach drauflos. Gab Anna den Raum, den sie brauchte, um sich zeigen zu können. 24 Stunden am Tag mal 6 Wochen – das sind etwa 1000 Stunden.

Gab einigen Leuten die beiden Teile des Manuskriptes zum Lesen. Alle fanden es gut, manche weinten beim Lesen. „Schreib weiter, wir wollen wissen, wie es weitergeht."

Schreib weiter! Leicht gesagt. Der Alltag hatte mich wieder. Und ich brauchte all meine Kraft für meine Arbeit. Wenn es mir nicht gelang, noch im Herbst zehn bis zwanzig neue Schüler zu gewinnen, war es aus und vorbei mit dem TaiChi-Unterrichten, aus und vorbei mit meinem YinYang-Zentrum.

Tage vergingen, Wochen – ich schrieb nicht eine neue Zeile.

Ende Oktober hatte sich auf Arbeit alles stabilisiert, zwei neue Anfängergruppen mit je 10 Leuten. Ich hätte aufatmen können, doch meine Ungeduld wuchs. Der Wert eines Tages hatte ein ganz simples Maß: Habe ich heute weitergeschrieben oder nicht? Dabei war ich immer auf der Verliererseite – die Latte hing zu hoch.

Ein merkwürdiger Traum besucht mich:

Ich erfahre, dass ich doch adoptiert bin – ja, ich hatte es schon immer geahnt. Ich brülle meine Mutter an: „Du hast alles nur gespielt und erfunden. Deine Berichte über meine Geburt und dass ich ein Sieben-Monate-Kind bin..." Endlich bringt sie mich zu meinen richtigen Eltern, doch die sagen: „Auch wir sind nicht deine Eltern. Die Wahrheit ist – du bist ein Findelkind. Elternlos. Verlassen. Auf der Wiese unter einer Ziege haben wir dich gefunden." Verdammt, dann stimmt ja mein Horoskop gar nicht mehr, es gibt keine Geburtszeit, und das steife linke Bein meiner Mutter hat in meinem Buch auch nichts mehr zu suchen, da sie ja gar nicht meine Mutter ist.

Ich erwache aus diesem Traum. Fühle mich zerschlagen, müde und kraftlos. Worum geht es im Moment? Um Kraft? Um eine Vision? Um die Quelle? Um meine Sexualität? Um TaiChi? Um Schreiben? Um Rhythmus? Um Loslassen? Um Freundschaft? Um Liebe? Um Gesundheit? Geht es um Organisieren oder um Mitfließen? Um Struktur oder Nicht-Struktur? Um Vertrauen? Um Mut? Um Gott? Um Gesundheit? Um Yin? Um Yang? Um Ausgleich? Um Stabilisierung und Strukturierung meines Lebens oder um Umbruch? Um Tun oder um Nichtstun?

Scheiß Ambivalenz! Innere Klarheit, innere Gewissheit – wo seid ihr?

Am nächsten Tag bin ich bei Bianca. Sie hat von mir geträumt, dass ich nachts bei ihr klingelte und unbedingt ausgetestet werden wollte. Das Ergebnis dieses Armtests war der geheimnisvolle Satz: „Vor zwei Jahren habe ich es das letzte Mal getan."

Bianca fragt, ob ich mit ihrem Traum was anfangen kann.

Ich sage „nein", obwohl ich es weiß: Sex. Sinnlosen, lieblosen, demütigenden, schwächenden Sex hatte ich vor zwei Jahren das letzte Mal.

Wir arbeiten weiter am Durchfall. Biancas Idee: Vielleicht ist es ja nicht das Nicht-Halten-Können, sondern das Nicht-Nehmen-Können.

Mein Arm sagt: „Ja."

Der Dünndarm testet schwach und da die ganze zugehörige Gefühlspalette: verlassen, ungeborgen...

Immer nur Geben. Angst vorm Nehmen und der Abhängigkeit, die dadurch entstehen kann.

Als Hausaufgabe soll ich den Entkopplungspunkt fürs Gehirn[33] klopfen, soll mit dem rechten Mittelfinger das neue Muster einklopfen:

Ich darf nehmen.
Nehmen bereichert mein Leben.
Nehmen ist der Ausgleich für Geben.

Die Uni Marburg hat mir den Kurz-Vortrag von Wladimir über Nikita Jurjewitsch Trubetzkoi geschickt. Auf Französisch. Meine Tochter, die ein Jahr in Lyon studiert hat, übersetzt grob, und ich erfahre:

Der Vater von Nikita errichtete die Peter-Paul-Festung. Die berühmte Trubetzkoi-Bastion trägt seinen Namen. Er gründete mit Peter dem Großen St. Petersburg und er war der erste Präsident des Magistrats von St. Petersburg.

Nikita diente sechs Zaren: Peter dem Ersten, Katharina der Ersten, Peter dem Zweiten, Anna Ioanowna, Elisabeth und Peter dem Dritten.

Er hat in Heidelberg studiert, war sehr gebildet.

---

[33] Eine sehr wirkungsvolle Technik aus der Psycho-Kinesiologie: Die rechte Mittelfingerkuppe klopft die Kuhle unter dem kleinen Finger der linken Hand-Außenseite, da, wo rotes und weißes Fleisch sich treffen, und dazu sagt oder denkt man das neue „Muster".

Er war, im wahrsten Sinne des Wortes, ein „Courtisan" (Liebediener), dessen einziges Lebensziel die Gunst der Zaren war und damit verbunden die Macht und der Reichtum.

Nach seinem Tode erhielt er die abwertendsten Beurteilungen von den meisten seiner Zeitgenossen. Man bezeichnete ihn als einen Mann, mit dem man Laster und Verbrechen verbindet.

Sein Eifer konnte beim Regierungsantritt von Katharina der Zweiten weder ihn noch seine Familie retten. Er verlor alle politischen Funktionen. Katharina die Zweite, die für Modernisierung, Öffnung zum Westen und Erneuerung stand, konnte keinen Vertreter der sechs vorangegangenen Regierungen an ihrem Hofe dulden.

Am 21. Juni 1763 musste er alle Ämter niederlegen. Er erhielt dafür eine Entschädigung von 50.000 Rubel.

Er starb am 28.10.1767 in Moskau.

Er war eine sehr umstrittene Persönlichkeit, doch er hatte auch Freunde. Der Dichter Antioch Kantemir schrieb über ihn eine Satire.[34]

Und ich erfahre auch die E-Mail-Adresse von Wladimir Troubetzkoy. Schreibe ihm einen langen Brief:

Sehr geehrter Wladimir Troubetzkoy,
bitte verzeihen Sie mir, dass ich deutsch schreibe, aber ich spreche kein Wort französisch und ich hoffe, dass Sie jemanden finden, der Ihnen meinen Brief übersetzt. Ich wohne in Leipzig, war viele Jahre freiberufliche Journalistin. Vor sieben Jahren habe ich den Journalismus an den Nagel gehangen, habe eine eigene TaiChi-Schule gegründet und die leite ich heute noch.

Vor einem Jahr fing ich wieder an zu schreiben. Der Anlass war eine Krankheit. Ich suchte nach alternativen Heilmethoden und meine Heilpraktikerin schlug eine Reinkarnationssitzung vor. Es stellte sich heraus, dass die Ursache für meine Krankheit in einem vergangenen Leben liegt. Am Tag nach dieser Sitzung war meine Krankheit, für die kein Schulmediziner eine Lösung hatte, für immer verschwunden.

---

[34] A. Kantemir „Im Chaos aber blüht der Geist". Bibliothek des 18. Jahrhunderts, Verlag C.H. Beck München, 1983

Die Journalistin in mir war wieder erwacht. Im Laufe vieler Recherchen und weiterer Sitzungen bei meiner Heilpraktikerin stellte sich heraus, dass mein Vater Nikita Jurjewitsch Trubetzkoi war und ich seine Tochter Anna (geb. 1737). Ich begann ein Buch darüber zu schreiben und bei meiner Suche im Internet stieß ich zufällig auf die Information, dass Sie an der Uni Marburg vom 28.-30.9.2000 einen Vortrag gehalten haben über genau diesen Mann, der einstmals mein Vater war. Ich habe fast geweint vor Glück. Endlich hatte ich eine reale Spur gefunden. Wie Sie sicher wissen, ist die Quellenlage zur Geschichte des russischen Adels im 18. Jahrhundert nicht gerade üppig und Frauen kommen in der Geschichtsschreibung fast gar nicht vor. Die Hauptfigur meines Romans ist aber eine Frau. Ich habe per Internet sofort Ihren Vortrag bestellt.

Ich möchte Sie bitten, mich bei meiner Recherche nach der Fürstin Anna, die ich einstmals war, zu unterstützen. Wie die Unterstützung aussehen könnte, weiß ich selbst noch nicht, ich hoffe nur, dass Sie mir mit Informationen weiterhelfen können.

Vielleicht kommt Ihnen das, was ich Ihnen geschrieben habe, merkwürdig vor. Aber glauben Sie mir, auch ich hatte mich vorher noch nie mit Reinkarnation beschäftigt. Und dann kam es einfach in mein Leben.

In der Hoffnung, Sie nicht allzu sehr verwirrt zu haben, in der Hoffnung, dass Sie als Literaturprofessor Verständnis für mein Anliegen haben, und in der Hoffnung auf eine baldige Antwort verbleibe ich mit freundlichen Grüßen und sage Dankeschön schon im Voraus.

Wenn ich diesen Brief heute lese, kann ich nur mit dem Kopf schütteln. Ich Trottel, ich Idiotin, ich Naivling – bar jeder Diplomatie falle ich mit der Tür ins Haus. Aus meiner Sommerhochstimmung heraus, aus diesem Wunder heraus, ihn gefunden zu haben, aus dieser Hoffnung heraus, er könnte mir weiterhelfen.

Das eigentliche Wunder ist, dass er mir überhaupt geantwortet hat, zweimal:

Liebe Petra Lux,
entschuldigen Sie, aber ich spreche nicht Deutsch. Ich spreche nur Französisch, Englisch, Russisch, Altlatein und Griechisch. Ich hoffe, ich kann Ihren Brief übersetzen lassen. Wenn ich Sie richtig verstanden habe, möch-

ten Sie Informationen über Anna Nikitichna T. – ich hoffe, in meinen Archiven etwas zu finden und ich werde es Ihnen schicken.

Liebe Petra Lux,
danke für Ihren Brief, und dass Sie in Englisch geschrieben haben. Schade, aber ich fand in meinen Archiven sehr wenig über Anna Nikitichna. Ich gebe Ihnen alles, was ich gefunden habe: Fürstin Anna Nikitichna – geboren am 9.10.1737, am 10.5.1759 heiratet sie Alexander Iwanowitsch Naryschkin, er stirbt am 24.11.1782, er war Kammerdiener.
Ich habe auch eine Familienchronik, die meine Tante Olga Nikolajewna T. geschrieben hat. Vielleicht finde ich da noch etwas. Aber ich glaube nicht. Falls ich etwas finde, lasse ich es Sie wissen. Viele Grüße.

In seiner zweiten E-Mail gibt mir Wladimir noch einige Literaturhinweise – alles französische Bücher... Noch einmal sende ich ihm einen langen Brief. Stelle ihm konkrete Fragen über Nikita Jurjewitsch Trubetzkoi, seine erste Frau Nastasia Golowkina, seine zweite Frau Anna Danilowna, über Anna Nikitichna und ihren Ehemann Alexander Iwanowitsch Naryschkin.
Ich erhalte nie eine Antwort.

Annelie, eine Freundin, die meinen Text gelesen hat, sagt:
„Genieße, dass die Rose noch nicht voll erblüht ist, noch Knospe ist. Danach ist es nämlich vorbei. Dann ist es fertig. Genieße den Prozess, das Wachstum. Du kannst die Rose nicht anschreien: Blüh auf! Blüh auf! Es wird geschehen. Und es braucht seine Zeit."
Ihre Worte sind reinster Balsam und ich sage mir: „Meine Tage sind doch bitteschön nicht daran zu messen, ob ich was geschrieben habe oder nicht."
Indem ich diese Erwartung an mich aufgebe, kommen wieder Ideen:
Ich könnte zur Russisch-Orthodoxen Kirche in Leipzig gehen und mit dem Priester sprechen, ich könnte nach Petersburg fahren und vor Ort recherchieren, ich könnte Pegasus wieder täglich sein Heu bringen...
Und – ich spüre ganz deutlich, dass ich mich mit Joël auseinandersetzen muss. Immer wenn ich von ihm träume, sitzt er am anderen Ufer oder in einem anderen Zimmer. Immer ist er ein alter Mann, der einen Veilchenstrauß in seinen Händen hält und auf mich wartet.

Ja, ich werde ihm wieder begegnen, aber eben in einem anderen Leben. An dem Veilchenstrauß werde ich ihn erkennen.

Der Trost dieses Gedankens verfliegt schnell – und was ist jetzt? Ich lebe jetzt!
Mein Sohn fragt mich: „Was erwartest du von Joël?" Ich zögere mit der Antwort: „Nichts." Doch das Zögern spricht eine andere Sprache.

Abends dann, bei Tische, erfuhr Anna die Neuigkeit. Der Termin für die Verlobung war nach vorn verschoben worden. Alle erhoben ihre Gläser: „Auf die Verlobung! Auf Russland! Auf die Zarin!" Sie stießen an und das Klirren der Gläser schnitt Anna ins Herz. „Wie schön", hatte sie gemurmelt, „welch gute Neuigkeit." Dann war alles dunkel um sie geworden.
„Die Aufregung, mein Kind, die Aufregung", Anna Danilowna stöpselte das Fläschchen mit dem Riechsalz wieder zu. „Kein Grund, in Ohnmacht zu fallen. Ich bin an deiner Seite und Alexander Naryschkin ist sofort hierher geeilt, als er von deiner Ohnmacht hörte. Er wartet draußen und will dir seine Aufwartung machen. Ich werde jetzt gehen und ihn hereinschicken."
Alexander Naryschkin betrat den Raum. „Blass sehen Sie aus, meine Liebe. Ich hoffe, dass Sie bald wieder bei Kräften sein werden. Eine dicke Scheibe Speck und ein Gläschen Wodka – und die Lebensgeister sind im Nu wieder da", versuchte er zu scherzen und Anna versuchte zu lächeln. Er konnte ja nicht wissen, wie sie Speck verabscheute. „Ja, wir werden uns ja nun bald öfter sehen", fuhr er im Plauderton fort. „Was heißt öfter? Jeden Tag werden wir uns sehen, und ich kann den Augenblick kaum noch erwarten." Treuherzig sah er sie an und griff nach ihrer Hand – eine Intimität, die Anna empörte, doch sie war zu schwach, um sich zu wehren.
„Für wann ist denn die Verlobung anberaumt?", erkundigte sie sich mit noch schwacher Stimme. „Ach, sieh mal an, ungeduldig ist die kleine Fürstin. Nun, zwei Wochen werden Sie sich schon noch gedulden müssen. Am 15. Mai wird unsere Verlobung sein.

Ich empfehle mich jetzt und werde morgen wieder nach Ihnen sehen. Gute Besserung."

„Auf die Hochzeitsnacht!" Alexander Naryschkin erhob sein Glas, in dem Champagner perlte, um mit Anna anzustoßen.

„Ich vertrage keinen Champagner, da wird mir schwindlig."

„Umso besser, hinter damit!", und er kippte das Glas in einem Zug hinunter. „Ich komme gleich wieder", sagte er bedeutungsvoll und verließ den Raum.

Anna ließ sich langsam auf das breite Messingbett sinken, das in der Mitte des Raumes stand. Sie spürte, wie Tränen in ihr aufstiegen, und sie presste die Zähne fest aufeinander.

Seit ihrer Verlobung hatte sie Emmanuel nicht mehr gesehen. Zum Gottesdienst musste sie zusammen mit Naryschkin in die Peter- und Paulskathedrale gehen, und die Vorbereitungen für ihre Hochzeit, die auf den 7. April festgelegt war und im Schloss stattfinden würde, unter Anwesenheit der Allgütigen Herrscherin, Ihrer Erlauchten Hoheit Zarin Elisabeth, hatten ihr nicht gestattet, das Haus zu verlassen. Ständig klopfte jemand an ihre Tür. Tapeten, Stoffe, Möbel, Bilder – der Nordflügel glich einer Baustelle. Und obwohl sie mehrmals gesagt hatte, dass die Auswahl ganz bei ihrem zukünftigen Mann, bei Alexander Naryschkin, lag, wurde sie doch bei jeder Kleinigkeit um ihre Meinung befragt. Allein die Anproben für ihr Hochzeitskleid nahmen täglich mehrere Stunden in Anspruch. Immer wieder fiel dem Schneider noch diese Raffinesse und jene Änderung ein. Resigniert ließ sie alles mit sich geschehen, stand da wie eine Puppe, die mal dahin gedreht wird und mal dorthin schauen muss.

Ihre Mutter war mehrmals gekommen, um mit ihr zu reden: „Du siehst mitgenommen aus, mein Kind. Aber alles wird gut werden. Alexander Naryschkin ist ein guter Mensch und du wirst ihm eine gute Frau sein und ihm viele Kinder schenken. Eure Heirat wird ein glänzendes Fest. Dein Vater kümmert sich rührend und vernachlässigt sogar seine Arbeit. Er will, dass alles perfekt abläuft und du bist ihm zu großem Dank verpflichtet.

Wie froh ich bin, dass diese Verbindung zustande gekommen ist. Sieh doch nicht so traurig drein. Es wird dir an nichts fehlen. Ach, ich bin so glücklich, dass wir weiter unter einem Dach leben werden. Was meinst du, sollen wir die Gagarins und die Waesemskys auch einladen? Ja, ja, ich denke schon, sie dürfen nicht fehlen. Und schone dein Bein! Ich möchte, dass du stolz wie eine Kaiserin nach vorn schreitest, unter lautem Gesang und dem Läuten der Glocken. Gott, bist du blass, du wirst doch nicht Angst haben. Ach, ich verstehe dich. Auch ich hatte damals Angst, aber das vergeht, glaube mir..."

Wie eine Naturgewalt war alles auf Anna eingestürzt. In den wenigen Minuten der Ruhe versuchte sie, sich an Emmanuel zu erinnern. Die zwei Tage, die sie mit ihm verbracht hatte, erschienen unwirklich, wie ein ferner, süßer Traum. Sie konnte mit keinem darüber sprechen, selbst mit Sascha nicht, der nur wenig Zeit fand nach ihr zu sehen. Und wenn er kam, saß er still und teilte ihr stummes Leid. Er ahnte, wie es in ihr aussah.

Als sie heute Fürst Alexander Iwanowitsch Naryschkin das Ja-Wort gegeben hatte und als sie nicht angefangen hatte wie ein wundes Tier zu schreien, da glaubte sie, das Schlimmste sei überstanden. Immer wieder hatte sie sich in den vergangenen Monaten gesagt: durchhalten, durchhalten, bald kehrt der Alltag wieder ein, und mit dem Alltag auch die Möglichkeit, Emmanuel zu sehen.

Schwungvoll stieß Alexander Naryschkin mit dem Fuß die Tür zu, da beide Hände einen schweren Kerzenleuchter hielten. Er blickte auf Anna, die angefangen hatte, lautlos zu weinen. Und er lächelte. Es schmeichelte ihm, dass Anna offenbar ein wenig Angst vor ihm hatte. Das dumme Kind, er würde ihr doch nichts antun... Gut gelaunt zündete er die Kerzen an, legte Parfüm auf und begann sich auszukleiden. Vor sich hinsummend trat er auf sie zu. Anna schloss die Augen. „Kein Grund zum Weinen. Wir sind jetzt vor Gott Mann und Frau. Komm, zieh dich aus." Anna saß wie erstarrt. „Ach so, du willst, dass ich es für dich tue. Aber das tue ich doch gern!"

Annas Mund war fest zusammengepresst. Ihre Hände schlossen sich zu Fäusten, die Alexander Naryschkin aber, sobald er es bemerkte, immer wieder geduldig öffnete. Sie hatte sich steif gemacht, während er mühsam versuchte, ihre Sachen abzustreifen. „Stell dich doch nicht so an!" Seine Geduld war langsam am Ende. Immer wieder verhedderten sich seine Hände in den vielen Haken und Ösen und Knöpfen und Rüschen. Endlich hatte er es geschafft. Nackt saß sie vor ihm und ihr stummer Widerstand hatte ihn zutiefst erregt. Er genoss seine Erregung, stolz sah er an sich herab. Prächtig, prächtig. Und ohne zu zögern, warf er Anna nach hinten.

Anna versuchte nicht einmal, sich zu wehren. Verkrampft und angespannt lag sie da, den Kopf zur Seite gedreht. Seine Hände auf ihrer nackten Haut, sein Mund auf dem ihren, dann ein furchtbarer Schmerz: „Er spießt mich auf! Er will mich töten..." Doch schon war dieser Schmerz verflogen und an seine Stelle trat eine neue Qual. Ein Ächzen und Stöhnen und Rumoren und Stoßen in ihrem Leib. „Gott, erlöse mich, Gott, erlöse mich..." Sie konnte nichts anderes mehr denken. „Gott, erlöse mich..." Plötzlich Ruhe. Still lag er auf ihr. Hatte Gott ihr Gebet erhört? Alexander Naryschkin atmete noch einmal tief durch, bevor er sich erhob. Das war richtig gut gewesen. Zugegeben, Anna war noch etwas steif, doch das würde sich mit der Zeit schon legen. Ihre Haut war zart und ihre beiden Brüste klein und fest. Wie Äpfelchen hatte er sie in seinen Händen gehalten. Dass Anna verkrüppelt war, hatte der Angelegenheit nicht weiter geschadet. Trotz seiner Erregung hatte er versucht, auf ihr Bein zu achten, er wollte ihr doch nicht wehtun. Am liebsten hätte er jetzt nach Bauernart das befleckte Laken wie eine Fahne aus dem Fenster gehalten und freudig geschwenkt: Seht her, seht her, es ist vollbracht! Über seine eigene Vorstellung schmunzelnd, kleidete er sich wieder an. Noch einmal trat er an ihr Bett: „Morgen wird es noch schöner, das verspreche ich dir. Schlaf jetzt, meine Liebe, du wirst müde sein von all der Aufregung. Ich lösche nur noch die Kerzen." Leise schloss er die Tür hinter sich.

In Anna kam Bewegung. Der Würgereiz, den sie die ganze Zeit mühsam unterdrückt hatte, war nicht mehr aufzuhalten. Zu schwach, um aufzustehen, erbrach sie, und so blieb sie liegen, bis zum nächsten Morgen.

Am nächsten Tag erschien sie bei Tische, wirkte heiter und ruhig. Sie hatte in dieser Nacht einen Entschluss gefasst und sie würde ihn ausführen:

Noch einmal wollte sie zu Emmanuel gehen.

Noch einmal in seine Augen sehen.

Und dann wollte sie sterben.

Sie wusste nicht, wie nah er ihr in diesem Moment war, wie greifbar nahe...

Als Emmanuel sich von Anna verabschiedet und die Kutsche verlassen hatte, ahnte er nicht, welch monatelanges Leid ihm bevorstand. Sie nicht sehen zu können, sie nicht mehr spüren zu können, zu warten und zu wissen, dass es ein vergebliches Warten ist...

Am Tage ihrer Hochzeit hatte er sich aufgemacht. Es war schon spät am Abend, als er das Trubetzkoische Palais erreichte. Er fragte nach Sascha und ein Diener zeigte ihm den Weg zum Stall. Sascha schien nicht überrascht.

„Wie geht es ihr?"

„Plocho, otschen plocho![35]"

Die zwei Männer sahen sich besorgt und traurig an und wie zwei Brüder umarmten sie einander, lange und fest.

„Pater, Sie haben ja Fieber! Sie müssen sich setzen!"

Sascha hatte Recht. Die Schwäche, die sich langsam, seit Monaten schon, in ihm ausgebreitet hatte, war nun ausgebrochen. Er befühlte seine Stirn, sie war feucht und glühend heiß.

„Sascha, bitte führen Sie mich zu ihrem Fenster. Wenn ich sie schon nicht sprechen kann, so will ich doch wenigstens vielleicht einen Blick auf sie werfen." Sascha musste ihn stützen, so schwach und elend fühlte er sich plötzlich. Sie sahen hinauf zu den hell erleuchteten Fenstern. „Dort, das ist ihr Zimmer."

---

[35] Schlecht, sehr schlecht"

Sascha zeigte nach oben und Emmanuel folgte mit seinem Blick. Sie sahen, wie ein Mann mit einem Kerzenleuchter das Zimmer betrat. „Das ist Fürst Naryschkin", flüsterte Sascha leise. Wie gebannt starrten sie auf die Fenster, ohne etwas erkennen zu können. Emmanuel begann zu stöhnen, Tränen flossen über sein Gesicht und er schämte sich ihrer nicht. Dann sahen sie noch einmal die Gestalt des Mannes, wie sie die Kerzen auspustete und den Raum verließ. Dunkel lag das Gemäuer vor ihnen und Dunkelheit legte sich auch über Emmanuels Seele.

Sascha führte ihn hinweg, ein schluchzendes Häufchen Elend, und Sascha war es auch, der ihm sein Bett anbot. „So können Sie nicht zurück. Wir müssen erst das Fieber senken. Morgen schicke ich Ihnen einen Arzt. Versuchen Sie wenigstens ein bisschen zu schlafen."

Sascha blieb bei ihm, die ganze Nacht. Er kühlte die fiebrige Stirn mit feuchten Tüchern und sprach beruhigend auf ihn ein. Emmanuel phantasierte laut und was Sascha da hörte, war genug, um alles zu verstehen. Nein, so durfte ihn hier niemand finden, er musste selbst versuchen, das Fieber zu senken. Er bereitete einen Kräutersud aus Johanniskraut, Wermutblättern, Schafgarbe, Spitzwegerich, Brennnesseln und rotem Wiesenklee. Alles musste über Nacht ziehen und am nächsten Morgen würde er die bittere Arznei dem Pater einflößen.

Mittags war das Fieber bereits soweit gefallen, dass Emmanuel das Bett verlassen konnte. Sascha spannte eine Kutsche an und brachte ihn zurück, zum Newski-Kloster.

„Bitte, Pater, unternehmen Sie nichts. Wenn Gott es so wünscht, werden Sie Anna wiedersehen. Aber warten Sie nicht. Hoffen Sie nicht."

„Gott segne Sie, Sascha. Ich werde Ihre Hilfe nie vergessen."

Und Pater Emmanuel ging hinein in seine Kirche, die ihn aufnahm, wie der Vater den verlorenen Sohn.

„Haben Sie gut geruht?" Alexander Naryschkin legte seinen Arm um Annas Schultern. „Sie waren noch ein bisschen widerspenstig." Er lachte und drohte scherzhaft mit dem Zeigefinger. „Aber das wollen wir ganz schnell verlernen, ja?"

Anna war rot geworden. Scham, Wut, Empörung flammten in ihr auf und sie versuchte, sich aus seinem Arm zu befreien. „Aber Sie brauchen doch nicht zu erröten. Es ist die schönste Sache der Welt. Und nun kommen Sie zurück ins Haus, es ist angerichtet."

Anna versuchte zu lächeln. „Wie schön, ich bin schon ganz hungrig."

Sie musste sich gedulden, musste warten, bis ihr Vater abgereist war, nach Moskau. Dann würde sich schon eine Gelegenheit finden, ihren Plan auszuführen...

Nacht für Nacht war Alexander Naryschkin in ihr Gemach gekommen. Um die Qual zu verkürzen, hatte sie sich entschlossen, ihn schon nackt zu empfangen. Der stille, unscheinbare Naryschkin, den keiner wahrnahm, an den keiner das Wort richtete und der es sich zur Angewohnheit gemacht hatte, sich in jedem Spiegel zu betrachten, an dem er vorbeikam, sozusagen als Beweis seiner Existenz, dieser stille Naryschkin konnte nicht ertragen, dass Anna ihre Augen schloss, sobald er in ihr Zimmer trat. Wie sollte er sich da noch spüren? Und er befahl ihr, die Augen geöffnet zu halten, ihn zu kneifen, zu schlagen und fest zu drücken. Ja – es gab ihn! Und dafür, dass Anna seinen Befehlen nachkam, war er ihr unendlich dankbar.

Annas Gedanken kreisten um Emmanuel. Noch einmal wollte sie ihn sehen – um dann zu sterben. Der Tod erschien ihr wie eine gütige helle Macht, in die sie eintreten wollte, um dort auf Emmanuel zu warten. Sie hatte keinerlei Zweifel daran, dass sie im Tode wieder mit ihm vereint wäre. So wie Fürst Pjotr und die Magd Fewronija in der alten Geschichte:

„Getrennt, weit voneinander entfernt, hatte man sie bestattet, und doch lagen sie am nächsten Tag vereint in jenem Steinsarg, den sie sich hatten anfertigen lassen. Und das unvernünftige Volk, welches sie schon im Leben so arg gequält hatte, ließ es auch im Tode nicht daran fehlen und trennte sie abermals. Und abermals lagen sie am andern Tag vereint in der heiligen Marienkirche, welche Gott der Stadt zur Erleuchtung gegeben."[36]

Anna hatte die Geschichte von Pjotr und Fewronija schon immer geliebt und jetzt, da sie sie wiederlas, erschien sie ihr in neuer, tiefer Bedeutung und bestärkte sie in ihrem Vorhaben.

Anfang November bin ich mit Alexej Tomiouk, dem Priester der russisch-orthodoxen Kirche in Leipzig, verabredet. Er wirkt abweisend, distanziert und er schafft es, während der halben Stunde, die wir reden, mich nicht einmal wirklich anzusehen. Er blickt nach unten oder betont an mir vorbei. Wirklich seltsam, dieser Mann.

Ich frage ihn, was passieren könnte, wenn damals, im 18. Jahrhundert, ein Priester ein Verhältnis mit einer Adligen hatte.

Er lacht höhnisch auf: „So was gab es nicht. Das ist romantisch, das ist ausgedacht, das geschieht nur in Kitschromanen, aber nie in der Realität."

Seine Stimme wird hart: „Das ist das größte Verbrechen, so, als würde der Vater mit der Tochter oder die Mutter mit dem Sohn. Unvorstellbar. Einfach unvorstellbar."

Und noch einige male wiederholt er dieses Wort: „Unvorstellbar."

Seine Heftigkeit ist meiner Frage völlig unangemessen – woran habe ich da gerührt? Woher soviel Resonanz?

Aber ich erfahre auch etwas wirklich Wichtiges und Neues:

Die Priester damals waren alle verheiratet und hatten eine Horde Kinder. Wer nicht verheiratet war, war Mönch. Und wenn die Frau eines Priesters starb, so verließ er seine Kirche und ging ins Kloster, wurde Mönch.

Das hatte ich bisher nicht gewusst. Vielleicht war Annas Geliebter Emmanuel ja verheiratet und hatte Kinder?

Der Joël von heute ist ja auch verheiratet und hat Kinder...

Alexej Tomiouk leiht mir widerstrebend ein Buch „Der orthodoxe Gottes-dienst – Göttliche Liturgie und Sakramente" – für mich eine wahre Kost-barkeit, denn weder antiquarisch noch neu war solch ein Buch, noch dazu in Deutsch, aufzutreiben.

Eine Woche später bringe ich das Buch zurück. In einem Extra-Umschlag steckt eine kleine Spende für die Kirche.

---

[36] „Altrussische Heiligenlegenden" - Hyperion-Verlag München, 1922

Ich habe fast alles kopiert, lese mich ein in die Rituale der Orthodoxie, die Taufe, die Verlobung, die Hochzeit, die Krankensalbung...
Ich kann Anna sehen, Priester stehen um ihr Bett, singen und beten, am Tag nach ihrer Entbindung:

„Gebieter, Herr, Allherrscher, der Du jede Krankheit und jedes Gebrechen heilst, heile auch diese Deine heute entbundene Magd und richte sie auf von dem Bett, auf dem sie darniederliegt, denn wir sind nach dem Wort des Propheten David in Sünden empfangen, und befleckt sind wir alle vor Dir. Behüte sie und den Säugling, den sie geboren hat, bedecke sie mit der Decke Deiner Flügel vom heutigen Tag an bis zu ihrem Ende, durch die Fürbitten der allreinen Gottesgebärerin und aller Heiligen. Denn gelobt bist Du in die Äonen der Äonen. Amen."

Und ich finde einen Vers, den Emmanuel wohl gekannt haben muss, einen Vers, der gebetet wird am Freitag der zweiten Fastenwoche vor Ostern:

„Kann man Feuer im Bausche des Gewandes tragen, ohne daß die Kleider versengt werden? Kann man auf glühenden Kohlen gehen, ohne sich die Füße wund zu brennen? So, wer zu einem anderen Weibe geht. Schande wird sein Teil sein, unaustilgbar seine Schmach."

Mitte November bin ich wieder bei Bianca. Wir testen aus:

Ja, der Priester war verheiratet und hatte fünf Kinder mit seiner Frau. Als er Anna zum ersten Mal begegnet, ist er noch nicht verheiratet. Als sie das erste Mal Sex miteinander haben, hat er bereits drei Kinder. Er bleibt bei seiner Frau und seinen Kindern, verlässt sie nicht. Seine Kirche steht ganz am Rande von Petersburg. Sie ist aus Stein. Als Anna nach Livland geht, besucht der Priester sie zwei- bis dreimal im Jahr. Er stirbt 1790.
Und ich spreche mit Bianca über Joël. Es geht um meinen Selbstwert als Frau. Ich mache meinen Selbstwert von seinem Begehren abhängig.
Verdammt, wann werde ich endlich meine Hausaufgaben gemacht haben, wann werde ich endlich frei sein von dieser Fremdbestimmung. Wann werde ich mich selbst lieben?
Zwei kleine Gefühlsaufwallungen tun mir gut. Bei einer TaiChi-Weiterbildung gefällt mir einer der Dozenten und in einem meiner Anfängerkur-

se ist ein junger Mann, der mir auch Herzklopfen bereitet. Ich freue mich über diese beiden Gefühle, weisen sie doch über Joël hinaus, sagen, es gibt noch mehr auf dieser Welt.

Die Bundesstelle für Stasiunterlagen informiert mich schriftlich, dass sich hinter dem Decknamen „Sebastian" Kolja verbirgt. Nichts Neues für mich. Das Geburtsdatum sei der 5. April 1954. Seltsam, ich habe all die Jahre Kolja immer am 4. Mai zum Geburtstag gratuliert. Ein Versehen? Von welcher Seite?
Ich gebe seinen Namen ins Internet ein. Er gibt Computerkurse für Konzerne. In seiner Vita lese ich, dass er an der Humboldt-Universität in Berlin Philosophie studiert hat. Komisch, in genau dieser Zeit waren wir zusammen – aber davon habe ich nun rein gar nichts bemerkt...
Ich sehe mir seine Homepage an. Urlaubsbildchen, jedes Jahr eine tolle Reise – ja, er gönnt sich was. Ich öffne eine Flasche Whisky. Beginne zu trinken. Als die Flasche halb leer ist, schreibe ich ihm eine E-Mail:

„Manchmal denke ich, es wäre gut, mit dir zu reden über das, was war. Dann wieder denke ich, dass es sinnlos ist. Du weißt, was ich meine, nicht wahr? Ich sehe die fröhlichen Fotos auf deiner Homepage (weiß der Teufel, warum ich heute deinen Namen eingegeben habe) – und ich sehe mich sitzen in dem großen Raum und all deine Berichte lesen. Petra"

Der Whisky dreht, ich muss aufstehen und kotzen. Danach Erleichterung.

Ende Juli reiste Fürst Trubetzkoi endlich nach Moskau ab und zwei Tage später gab Anna bekannt, dass sie unbedingt, so schnell als möglich, nach Paulenhof-Wesselshof reisen müsse. Der Verwalter habe ihr geschrieben und ihre persönliche Anwesenheit sei unabdingbar, um die Probleme mit den Bauern zu lösen, die ihre Abgaben versäumten. Alexander Naryschkin hatte sie ohne Argwohn in die Postkutsche gesetzt und ihr eine gute Reise gewünscht. „Das faule Pack muss die Knute spüren!", hatte er ihr noch nachgerufen. Er war angetan von der Selbständigkeit seiner Frau, die es sich nicht nehmen ließ, selbst nach dem Rechten zu schauen.

Nahe dem Newski-Kloster hielt die Kutsche und der Bote brachte Pater Emmanuel einen Brief, der an ihn adressiert war. Keiner der Mitreisenden ahnte, dass Anna diesen Brief geschrieben hatte. Nach dieser kurzen Unterbrechung setzte die Kutsche ihre Fahrt fort und mit jeder Stunde, die sie sich von Petersburg entfernte, wurde Anna leichter ums Herz.

Obwohl sie ihm noch nie geschrieben hatte, wusste Emmanuel sofort, dass der Brief nur von Anna sein konnte. Er roch an ihm und Anna war plötzlich so nahe, als würde sie neben ihm stehen. „Ich erwarte dich morgen in Wesselshof. Anna."

Sein Herz klopfte laut bis zum Hals, und nachdem er die kurze Nachricht wieder und wieder gelesen hatte, warf er den Brief ins Feuer. Er sah zu, wie kleine bläuliche Flammen aufloderten und hungrig nach dem Papier haschten. Bald hatten sie es verzehrt und, nachdem die Glut verloschen war, begann er seine Sachen zu packen. Noch morgen würde er sie sehen...

Er hatte sich an Saschas Rat gehalten, hatte nichts unternommen, hatte versucht, nicht zu warten, nicht zu hoffen. Schwer war es ihm geworden. Sehr schwer. Doch die Hoffnung ließ sich nicht vertreiben und behauptete hartnäckig ihren Platz. Und nun war das Wunder geschehen. Die nächste Kutsche war nicht vor morgen früh zu erwarten und er ging zeitig zu Bett, wollte frisch und ausgeschlafen in den Tag gehen. Ludmila hinterließ er die Nachricht, dass unaufschiebbare dringende Geschäfte ihn nach Nishni Nowgorod riefen.

Anna sprach mit dem Verwalter, sie besuchte die Hütten der Bauern, sie sah ihr Elend und sie erließ ihnen einen Teil der Abgaben für dieses Jahr. Die Ernte war wirklich schlecht ausgefallen und es fehlte am Notwendigsten. Anna hielt es in den Hütten kaum aus vor Gestank. Ranziges Öl mischte sich mit dem Schweiß der Bauern und den Ausdünstungen der Kranken, die meist in der Ecke des Raumes lagen, auf Stroh, das ihr Urin schwer gemacht hatte und hart wie einen Klumpen. Ihre Leiber waren von Wunden und Schwären zerfressen und sie wimmerten leise und kraftlos vor sich hin. Es wimmelte von Ungeziefer und die Köpfe der

Kinder waren voller Läuse. Wenn Anna das Wort an sie richtete, hoben sie erstaunt ihre Köpfe und lauschten mit offenem Mund. Ihre Augen blickten stumpfsinnig und glanzlos und keine Regung in ihren Gesichtern verriet, dass sie das Gesagte überhaupt wahrgenommen hatten. Es war zwecklos, und fast fluchtartig hatte Anna die Hütten verlassen und war ins Gutshaus zurückgegangen. Sie versuchte, die Bilder, die sie gerade gesehen hatte, aus ihrem Kopf zu verscheuchen. Auf eine merkwürdige Art hatte das Elend der Bauern ihr eigenes Elend relativiert und langsam begann sie, sich auf die Begegnung, die sie so sehr herbeigesehnt hatte, zu freuen. Still saß sie vor dem Kamin und lauschte nach draußen, auf jedes Knacken, jedes Geräusch.

Es war bereits dunkel, als sie ferne Schritte vernahm. Sie lief vors Haus und ihre Augen durchforschten aufgeregt die Dunkelheit. Dann war Emmanuel plötzlich da, stand dicht vor ihr und Anna flüchtete in seine ausgebreiteten Arme. Wie eine Ertrinkende klammerte sie sich an ihm fest. Sie weinte und schluchzte und bebte und zitterte, bis Emmanuel sie schließlich hochhob und über die Schwelle trug. Behutsam setzte er sie ab, nahm sie erneut in seine Arme, strich über ihr Haar, bis ihr Schluchzen und Zittern sich endlich beruhigt hatte, bis sie ganz still wurde und ganz weich. Erst dann richtete er das Wort an sie:

„Anna, ich bin gekommen, so schnell ich konnte. Erzähl mir alles, was geschehen ist." Doch Anna schüttelte den Kopf, ihre Lippen wurden schmal: „Ich will nicht darüber sprechen." „Aber vielleicht erleichtert es dich." „Nein, kein Wort davon. Ich musste dich sehen, weil nur du mir die Kraft geben kannst, um…" „Um was?" „Ach nichts, komm, setz dich, rück ganz nah an mich heran. Wir wollen nicht reden. Ich will spüren, dass du da bist, dass es kein Traum ist, aus dem ich jeden Moment erwachen könnte. Leg deinen Arm um mich, ja, so, und lass uns nur sitzen und schweigen."

Sie hatte ihren Kopf an seine Schulter gelehnt und gemeinsam blickten sie ins Feuer, bis es erloschen war. Dann hatte sie nach seiner Hand gefasst: „Komm mit, nach oben."

Sie begann, ihre Bluse zu öffnen. Er öffnete sein Hemd. Sie ließ ihren Rock nach unten gleiten. Er stieg aus seiner Hose. Zug um Zug entkleideten sie sich mit großer Langsamkeit, ja Andacht. Ihre Blicke nahmen das Streicheln der Hände voraus. Sie bewegten sich langsam aufeinander zu, bis ihre Körper sich fast berührten. So blieben sie stehen, atmeten den Geruch des jeweils anderen ein, und sie spürten die feine, zarte Energie, die zwischen ihnen hin- und herschwang. Im selben Moment hatten sie begonnen, einander zu berühren. Tastend, forschend, liebevoll und sanft. Flüchtig dachte Anna an Romeskaln und an Emmanuels Hände, die damals ihre Haut nicht berührt hatten, sondern nur die glatte Seide ihres Kleides. Auch Emmanuel dachte an Romeskaln und an Annas Hände, die er heiß durch seinen dunklen Anzug hindurch gespürt hatte. Er trug Anna zum Bett, bedeckte ihren Leib mit Küssen und Anna spürte, wie sie nass wurde und feucht und weit und groß und wie sich alles in ihr danach sehnte, ihn ganz in sich aufzunehmen und an ihm zu vergehen.

Sie taten kein Auge zu in dieser Nacht und je länger sie so lagen, eng umschlungen, umso größer wurde ihr Hunger aufeinander. Unersättlich, nicht zu stillen, ein Fass ohne Boden, das nur nach „mehr! mehr!" schrie. Erschöpft schliefen sie schließlich ein, glücklich und erfüllt.

Sie erwachten, als die Sonne schon hoch am Himmel stand. „Ich habe geträumt", sagte Anna, „von einer Feuerkugel. Sie rollte auf uns zu. Du hast geschrieen, ich soll mich verstecken, soll flüchten. Aber ich wollte nicht. Ich wollte so liegen bleiben, dicht neben dir. Und dann spürte ich die Hitze des Feuerballs. In letzter Sekunde bist du aus dem Bett gesprungen und hast dich darunter verkrochen. Als du wieder hervorkamst, war ich verbrannt und du hast angefangen zu weinen. Merkwürdig, ich bin verglüht, ganz bewusst, ohne den Versuch einer Rettung..."

„Auch ich habe geträumt", sagte Emmanuel. „Ich stand an Flüssen, an vielen verschiedenen Flüssen, und egal, wo ich auch stand, am anderen Ufer warst du. Ich habe dich gerufen, habe versucht zu dir zu schwimmen. Manchmal gelang es mir und wir wanderten zusammen weiter, Hand in Hand, und manchmal erfasste mich kurz vor dem Ziel die Strömung und riss mich von dir fort, schwemmte mich an ein neues, fernes Ufer und wieder standest du da, auf der anderen Seite."

Anna war ernst geworden.

„Es ist an der Zeit, dass du gehst. Gott allein weiß, wann wir uns wiedersehen. Wir können weiter nichts tun. Wir legen alles in Gottes Hand. Sein Wille geschehe, wie im Himmel, so auch auf Erden."

„Ja, Sein Wille möge geschehen."

Emmanuel stand auf und kleidete sich an. Anna blieb liegen, sie lächelte: „Und jetzt geh, wenn du die Kutsche nicht verpassen willst."

Den ganzen Tag war Anna im Bett geblieben. Sie spürte noch Emmanuels Wärme, seinen Geruch, und der Gedanke an den Tod, an ihren Tod, den sie geplant hatte, dieser Gedanke hatte jede Bedeutung verloren. Anna fühlte sich stark. Wie ein undurchdringlicher Schutzpanzer lagen Emmanuels Zärtlichkeiten auf ihrem Körper, keine Stelle war ausgelassen. Sie war unverwundbar.

Ende November findet bei mir im Zentrum ein Wochenend-Seminar zum Familienstellen[37] statt. Eine Therapeutin aus München hat meine Räume gemietet. Ich wollte eigentlich nur zuschauen. Aber da wir nur fünf Leute sind, lasse ich mich ein, mache mit. Die Intensität der Gefühle haut mich um. Danach mag ich keinen sehen, mit keinem sprechen.

Trauer, Freude, Erlösung, Nähe, Ferne, Wärme, Kälte, Hilflosigkeit, Schmerz, Herumirren, Verlorensein zwischen den Welten, in den Arm Nehmen und Genommenwerden, Distanz, Sog, Tod, Leben, die Zukunft... Alles ist mit allem verbunden. Ich habe es immer gewusst. Theoretisch. Mit dem Verstand. Aber es zu fühlen und sinnlich zu erleben, das ist etwas ganz anderes.

Ich nehme zum Beispiel den Platz einer Großmutter ein, die schon lange tot ist.

---

[37] Familienstellen nach Bert Hellinger. Für mich eine der effektivsten Therapiemethoden, die das 20. Jahrhundert hervorgebracht hat.

Und sobald ich an diesem Platz im Raum stehe, zu dem mich die 60-jährige Aufstellerin – sie heißt Christa – geführt hat, fühle ich, was Christas Großmutter gefühlt hat: ihr Reißen in den Beinen, die Liebe zu ihrer Enkeltochter, die Ablehnung ihrer eigenen Tochter – und ich fühle schmerzhaft ihre Verlorenheit und Heimatlosigkeit. Ich bin diese Großmutter, ganz und total, ich bin dieser Mensch, den ich nie gekannt habe und der schon lange tot ist. Erst als ich wieder draußen auf meinem Stuhl in der großen Runde sitze, werde ich wieder ich. Danach erzählt Christa, dass ihre Großmutter eine Schlesien-Vertriebene war, dass die Großmutter ihre Tochter (Christas Mutter) nicht lieben konnte und dass sie, Christa, eine starke Bindung zu ihrer Großmutter hatte, und sie erzählt auch von dem Reißen in den Beinen der Großmutter.

Mein Körper hat gewusst, was mein Verstand nicht wissen konnte...

Auch ich fasse Mut. Stelle auf. Mein Thema: Ich möchte gern verstehen, warum ich mich, solange ich denken kann, fremd gefühlt habe bei meinen Eltern, als käme ich von einem anderen Stern. Lange dachte ich, ich sei adoptiert.

Ich stelle auf: Vater, Mutter und mich. Meine Stellvertreterin ist nicht in der Lage, auch nur einen Schritt auf meine Eltern zuzugehen. Die Mauer zwischen ihnen ist als Energie förmlich greifbar, spürbar auch für alle, die draußen sitzen.

Die Therapeutin hat die Idee, noch eine Person neben meine Eltern zu stellen. Sie schickt meine Stellvertreterin raus und ich stehe jetzt selbst an meinem Platz. Ich durchschaue ihre Idee – nein, das ist es nicht. Wäre der Mann neben meinen Eltern mein leiblicher Vater, wäre ich also ein untergeschobenes Kind, ich hätte es gespürt. Der Mann neben meinen Eltern wirkt auf mich wie ein Schutzengel. Ich will zu ihm. Es zieht mich hin. Und während ich auf ihn zustürze und mich in seine Arme werfe, erzähle ich, dass ich ein Sieben-Monate-Kind bin und dass ich die ersten drei Monate nach meiner Geburt in einem sterilen Brutkasten lag. Der Mann wird für mich zum Brutkasten. Er ist Heimat, Vater und Mutter, er ist Geborgenheit, Schutz, Liebe und Wärme. Ich klammere mich an diesen Mann, den ich nie vorher sah, und die Tränen, die fließen, sind Tränen des Glücks. Endlich daheim. Endlich angekommen.

Ich weiß nicht, wie lange wir so stehen. Wie im Zeitraffer hole ich all das nach, was ich je an Geborgenheit und Schutz vermisst habe, sauge es auf wie ein Schwamm. Und als die Therapeutin dann sagt: „So, und der Brutkasten entlässt dich jetzt und führt dich zu deinen Eltern", ist es auch möglich, dicht vor meinen Eltern zu stehen, ihre Hände zu fassen und sie mit Respekt und Achtung anzusehen. Umarmen kann ich sie noch nicht. Aber es ist ein erster Schritt.

Am Tag nach dem Familienstellen ruft meine Mutter an und erzählt eine wunderbare Geschichte: Am Wochenende, bei einem Rentner-Busausflug, waren sie zum Mittagessen in einem Ort, von dem sie wusste, dass hier ein alter Schulfreund aus Schlesien nach dem Krieg gelandet ist. Sie kennt nur seinen Namen, traut sich aber nicht, nach ihm zu fragen. Ihre Freundinnen machen hinter ihrem Rücken den Mann ausfindig. Der Bus fährt weiter, Kaffeetrinken im nächsten Ort. Die Kapelle spielt einen Tusch. Spot auf meine Mutter. Der Scheinwerfer wandert weiter und fällt auf eben jenen Schulfreund, der dem Bus nachgefahren ist, um meine Mutter wiederzusehen. Die beiden fallen sich in die Arme, der ganze Saal ist gerührt. Sie ziehen sich zurück in ein Nebenzimmer, tauschen Erinnerungen aus.
Ich muss heulen, als sie mir diese Geschichte am Telefon erzählt. Ich habe ein ganz warmes Gefühl für sie und ich weiß jetzt, dass das Familienstellen die Mauer zwischen uns abgetragen hat.

Regina, die Therapeutin, ist noch in Leipzig. Sie fährt erst am nächsten Tag zurück nach München. Plötzlich habe ich die Eingebung, ein Familienstellen zur Fürstin Anna zu machen. Vielleicht bin ich ja die erste auf der Welt, die seit dem Bestehen des Familienstellens solch eine Idee hatte: an Historisches, lange Vergangenes, nicht Aufgezeichnetes herankommen über das Energiefeld des Familienstellens. Welch ungeahnte Recherche-Möglichkeiten für die Geschichtsforschung! Ich würde Anna aufstellen, ihre Eltern, den Priester, ihren Mann, den Unfall, ich könnte etwas herausfinden über ihr Leben und ihr Fühlen... Keine Ahnung, ob es funktionieren würde, aber einen Versuch wäre es wert.
Ich rufe Regina sofort an und sie sagt ja zu diesem Experiment, will sich darauf einlassen. Ich achte ihren Mut. Als Termin wählen wir einen Samstag Mitte Januar.

CWenige Wochen später stand fest – Anna war froher Hoffnung. Seit ihrem Unfall hatte sie ein feines Gespür für ihren Körper entwickelt und so blieben ihr die kleinen Veränderungen, die in ihr stattfanden, nicht verborgen. Die Blutung hatte ausgesetzt, die Brüste waren vergrößert und äußerst druckempfindlich. Mehrmals am Tage musste sie sich übergeben. Sie war zu ihrer Mutter gegangen und die hatte ihr empfohlen, gegen das Sodbrennen früh am Morgen, auf nüchternen Magen, gekühlte Milch zu trinken. Ein Mittel, das gut wirkte. Fürst Naryschkin hatte eine große Schüssel frischer Austern, die gerade aus Holland gekommen waren, auf den Tisch gestellt. Genüsslich schlürfte er ein Dutzend nach dem anderen hinunter. Immer wieder blickte er auf seine Frau: „Anna, Sie müssen sich jetzt schonen. Keine Reisen. Keine langen Spaziergänge. Wir wollen doch dafür sorgen, dass unser Nachwuchs kräftig und gesund zur Welt kommt." Seine Absicht, sie zu schonen, ging aber nicht soweit, dass er sie in Ruhe ließ. Im Gegenteil, sie musste ihm zu Willen sein, manchmal mehrmals am Tage.

Je runder ihr Bauch wurde, umso mehr verwirrte sich ihr Geist. Wessen Kind trug sie in sich? Wer war der Vater des Kindes? Schon dreimal mussten die Ärzte Anna zur Ader lassen, weil immer wieder Fieberschübe auftraten. Das Gehen fiel ihr schwer und auf Anraten der Ärzte verließ sie nur noch selten das Haus. Und als Konstantin Murajew mit seinem Stethoskop zweifelsfrei zwei Herztöne diagnostiziert hatte, war klar, dass sie Zwillinge bekommen würde.

Anna hatte ihre Hände auf den Bauch gelegt. Sie spürte die Bewegungen der Kinder, dumpfe Stöße gegen ihre Rippen und den Magen. Ohne Vorwarnung hatte ein Lachkrampf sie erfasst, alles an ihr zuckte und sie konnte nichts dagegen tun. Das hohe, kreischende Lachen war in ein noch höheres kreischendes Wimmern übergegangen und alle starrten sie an. „Anna, so beruhige dich doch. Alles wird gut!", ihre Mutter hatte sie gepackt und konnte sie nur mit Mühe bändigen. „Helft mir, sie nach oben zu bringen", herrschte sie zwei Dienstboten an, die hilflos das

Geschehen von der Tür aus beobachtet hatten. Sie brachten Anna auf ihr Zimmer, legten sie aufs Bett und befühlten ihre Stirn, die heiß und fiebrig glänzte. „Ruft den Arzt, aber schnell."

„So geht es nicht weiter. Ich mache mir Sorgen. Dieser Anfall vorhin!" Anna Danilowna trat zu ihrem Mann. Am Spiel seiner Bakkenknochen sah sie, dass auch er erregt war. „Eine Trubetzkoi wird nicht verrückt", herrschte er sie an. „Sicher, viele sind in den letzten Jahren verrückt geworden. Es breitet sich aus wie eine Seuche. Aber keine Trubetzkoi! Das lasse ich nicht zu! Anna wird fortan im Bett bleiben, bis diese verdammte Geburt überstanden ist. Das Essen wird auf ihr Zimmer gebracht und alle Aufregung von ihr ferngehalten! Ich werde noch heute mit Naryschkin sprechen, auf dass er alles Notwendige veranlasst."

Anna hatte Emmanuel nicht wiedergesehen. Die Tatsache ihrer Schwangerschaft hatte sie in einen tiefen Zwiespalt gestürzt und es gab niemanden, dem sie ihr Herz hätte ausschütten können, selbst vor Sascha wollte sie nicht darüber sprechen.
Oft stand sie vor dem Spiegel und betrachtete ihren nackten Körper. Sie konnte zusehen, wie die rötlichen Streifen auf ihrer Bauchdecke und ihrer Brust täglich zunahmen, so sehr spannte die Haut. Ja. Ja. Und nochmals Ja. Es waren Emmanuels Kinder, die sie in ihrem Leibe spürte. Oder doch nicht? Zerrissen von Gedanken, die mal in die eine Richtung gingen und mal in die andere, war sie kaum noch sie selbst. Es gab Momente, wo sie sich wünschte, verrückt zu werden, einzutreten in eine andere Dimension, damit das Grübeln ein für alle mal ein Ende hätte. Etwas wuchs in ihr, Stunde um Stunde, und sie konnte es nicht verhindern. Freude – Angst, Freude – Angst... Und sie war diesen Schwankungen ihrer Seele hilflos ausgeliefert. Man hatte sie eingesperrt in ihrem Zimmer und sie durfte es nicht verlassen. Selbst das Lesen war ihr verboten worden, in der Absicht, ihre Nerven zu schonen.

Die Geburt zog sich über Stunden hin. Das steife Bein, das sich nicht aufstellen oder knicken ließ, erschwerte den Vorgang noch zusätzlich. Mit einer Zange hatte man nachhelfen müssen, doch die Kinder waren wohlauf. Ein Junge und ein Mädchen. Anna hatte viel Blut verloren und der Schmerz raubte ihr zeitweise das Bewusstsein. Ihr Leben hing an einem Faden und keiner wusste, ob sie sich je wieder erholen würde.

Die Kinder waren sofort zu einer Amme gekommen und erst nach acht Wochen konnte Anna sie zum ersten Mal sehen. Halb aufgerichtet lehnte sie in ihrem Bett, noch schwach und blass, und starrte auf die Tür. Gleich würde sie Gewissheit erlangen. Gleich.

„Sind sie nicht wunderschön?" Alexander Naryschkin nahm die Kinder vom Arm der Amme und reichte sie Anna. „Mein Sohn soll Alexander heißen, wie ich. Und meine Tochter soll den Namen Natalie tragen, nach der ehrwürdigen Großmutter unserer Zarin Elisabeth und der Mutter Peters des Großen, Natalie Naryschkin."

Anna sah sofort, dass es Emmanuels Kinder waren. Ihre und Emmanuels Kinder. Und sie musste an sich halten, um die beiden nicht ihrem Mann zu entreißen.

Sie dufteten sanft nach Veilchen, hatten Emmanuels blaue Augen und sein blondes, weiches Haar. Sie befahl der Amme, die Kinder auszuwickeln, und dann sah sie auch den winzig kleinen Leberfleck auf der rechten Hüfte. Die Zwillinge waren zum Verwechseln ähnlich und Anna bat darum, eine Weile mit ihnen allein bleiben zu dürfen. Ein sehr verständlicher Wunsch, dem Alexander Naryschkin und die Amme gern nachkamen.

Als sich die Tür hinter den beiden endlich geschlossen hatte, ließ Anna ihren Tränen freien Lauf. Emmanuel... Sie musste ihm schreiben, ihn benachrichtigen, er musste erfahren, was geschehen war. Sie stellte sich sein Gesicht vor, wie es sich liebevoll über die Wiege der Kinder beugt und wie sie ihm zulächeln, so wie jetzt ihr. Und sie genoss die wohlige Wärme der kleinen Körper, die inzwischen in ihren Armen still und zufrieden eingeschlummert waren.

Sto gramm[38] und nochmal sto gramm und nochmal...

---

[38] hundert Gramm

Sie hatten getrunken bis spät in die Nacht und noch immer war es hell, als sich Alexander Naryschkin von seinen Kameraden verabschiedete. „Keine Kutsche", hatte er abgewehrt, „wer fährt denn während der Weißen Nächte mit der Kutsche? Die paar Schritte kann ich getrost auch zu Fuß gehen. Es wird mir gut tun."

Am Peterstor, dem Haupteingang zur Peter-Paul-Festung, blieb er stehen. Er lehnte sich an das steinerne Tor, das einem Triumphbogen glich, und sah hinauf zum imposanten Glockenturm, dem höchsten Bauwerk der Stadt. Die vergoldete Turmspitze krönte eine Wetterfahne in der Gestalt eines Engels, der ein drei Saschen[39] hohes Kreuz trug. „Auch Engel tragen ihr Kreuz. Hallo, mein Engel, ich grüße dich, Salut!" – Er knallte die Hacken zusammen und winkte dem Engel zu. Dann stolperte er weiter. Die kühle Morgenluft hatte seinen Rausch schnell vertrieben und als er sein Zimmer betrat, war er wieder nüchtern und noch dazu hellwach. Aber das kannte er schon – die Müdigkeit würde ihn erst am späten Nachmittag einholen.

Was war nur mit Anna los? Sie war so verändert seit der Geburt der Kinder. Sicher, sie sprach mit ihm, war freundlich und zuvorkommend, doch sobald sie allein waren und er sich ihr nähern wollte, stieß sie ihn zurück. Ihre Ablehnung war heftig und beunruhigte ihn zutiefst. Sie drohte zu schreien, wurde starr, begann zu zittern und er fürchtete, sie könnte sich in einen neuen Anfall hineinsteigern. Ja doch, die Geburt war schwer und sie hätte dabei draufgehen können, aber irgendwann war es auch mal genug mit dem Leiden. Er verstand ja, dass sie nicht so schnell wieder schwanger sein wollte, aber darüber ließ sich doch reden. Er war schließlich kein Unmensch.

Doch nun, da sie begonnen hatte sich tagelang in ihrem Zimmer einzusperren und keinen sehen wollte, nicht einmal die Kinder, da begann er, sich ernsthaft Sorgen zu machen. In den seltenen Momenten, da sie ihr Zimmer verließ, wirkte sie abwesend wie ein Geist, durchscheinend, blass und dünn. Dieser Zustand währte nun schon fast ein ganzes Jahr. Aber er gab die Hoffnung nicht auf, dass sich der Spuk einfach in Luft auflösen würde.

---

[39] Alte russische Maßeinheit, ein Saschen = 2,133 m

Petersburg! Ich komme!

Vom 29. Dezember bis zum 6. Januar werde ich dort sein.

Endlich am Schauplatz des Geschehens.

Petersburg im Winter – Schneefall und minus 20 Grad sagt der Wetterdienst.

Ich werde mit eigenen Augen sehen, was Anna sah.

Die Gebäude, den Himmel, die Flüsse, die Kirchen.

Ob Erinnerungen kommen?

Ich nehme per E-Mail Kontakt auf zu Otto Baron von Grotthuss. Er kennt Fürst Andrej Gagarin, den Präsidenten der Petersburger Adelsversammlung. Im Internet fand ich ein Foto dieser deutsch-russischen Adelsbegegnung.

Grotthus antwortet:

„Nach Rücksprache mit dem Präsidenten der St. Petersburger Adelsversammlung kann ich Ihnen dessen Namen und E-Mail-Adresse geben... Fürst Gagarin spricht und schreibt Englisch. Seine Urgroßmutter wurde übrigens als eine Prinzessin Daria Trubetzkoi geboren... Kennen Sie das Haus des Dekabristen Fürst Trubetzkoi in Irkutsk? Habe es voriges Jahr fotografiert...“

Ich sende auch Fürst Gagarin eine E-Mail nach Petersburg:

„...Ich arbeite an einer Biographie über Anna Nikitichna... Es ist sehr schwer, Informationen zu bekommen. Ich habe noch viele Fragen und vielleicht können Sie mir dabei helfen, Licht in das Dunkel der Geschichte zu bringen. Ich werde im Hotel Pulkowskaja wohnen und vielleicht können Sie mir Ihre Telefonnummer senden, damit ich Sie anrufen kann, um ein Treffen zu vereinbaren...“

Vor meiner Abreise bekomme ich keine Antwort. Vielleicht ist Gagarin zum Jahreswechsel ja gar nicht in Petersburg? Egal, ich werde vor Ort versuchen, mit ihm in Kontakt zu kommen.

Meine erste Gruppenreise: Die Gruppe besteht aus etwa 100 Leuten, meist Paare so um die 60 Jahre. Es gibt nichts Gemeinsames. Beim

Frühstücks- und beim Abend-Büfett sitze ich allein. Beim gemeinsamen Mittagessen als Fremdkörper zwischen den Ehepaaren. Zunächst bin ich befremdet – unter 100 Leuten sollte doch was Nettes, Sympathisches dabei sein – aber bald schon bin ich froh über diesen Umstand. Dadurch gibt es keine Ablenkung. Ich kann mich ganz meiner Spurensuche hingeben. Diese extreme Energie des Alleinseins, der Nichtzugehörigkeit macht mich hellwach.

Mit Bussen werden wir Tag für Tag zu den Ausflugszielen gefahren. Die Busse ächzen unter dem russischen Winter. Inzwischen sind es minus 30 Grad. Manchmal keuchen sie, bleiben bockig stehen, erzwingen sich eine Pause. Der Fahrer improvisiert, redet dem Bus gut zu und es gelingt ihm immer wieder, den Bus zum Weiterfahren zu bewegen.
Die Scheiben sind von innen zugefroren. Ich leihe mir von einem Mitreisenden eine Telefonkarte, kratze damit ein kleines Loch in die Scheibe, um wenigstens ein bisschen was zu sehen. Nach wenigen Sekunden ist das Loch wieder zugefroren, ich bin nur am Kratzen und meine Jacke ist über und über mit Eiskristallen bedeckt, die auf mich niederrieseln.

Gleich am ersten Tag sehe ich, wo Nikita Jurjewitsch Trubetzkoi gearbeitet haben musste. Das rot-weiß angestrichene Gebäude wirkt anmutig, hat nur zwei Stockwerke und ist 400 Meter lang. Peter der Große ließ die „Zwölf Kollegien" 1722 von Trezzini erbauen und brachte dort seine Ministerien unter. Heute ist dort der Hauptsitz der Universität.
Mir ist klar, dass ich mich ganz auf mein Gefühl verlassen muss, ich muss fühlen, spüren, erlauschen, wo Resonanz ist, muss einen inneren Wegweiser, eine innere Landkarte erschaffen.
Ach ihr Architekten und Restauratoren! Verzeiht mir! Wäre ich Bürgermeisterin von Petersburg, ich würde entscheiden: Gebäude aus der ersten Hälfte des 18. Jahrhunderts werden weiß angestrichen, die aus der zweiten Hälfte des 18. Jahrhunderts gelb, die aus dem 19. Jahrhundert grün und die aus dem 20. Jahrhundert bunt. Und Besucher, so wie ich, könnten sofort sehen, aus welcher Zeit ein Gebäude stammt.
Am Nachmittag fahren wir zum Alexander-Newski-Kloster. Eine große Anlage, bestehend aus der Mariä-Verkündigungskirche, die ebenfalls Trezzini unter Peter dem Großen erbaut hat, zwei alten Friedhöfen, den

Klostergebäuden und der Dreifaltigkeitskathedrale, die erst 1790 fertiggestellt wurde. Ich stehe wie angewurzelt vor der Mariä-Verkündigungskirche. Heute ist sie ein Skulpturen-Museum – und das hat geschlossen. Anna, Anna – ich bin sicher, dass du genau hier gestanden hast.

Und ich fühle die Anwesenheit des Priesters – es riecht nach Veilchen, mitten im Winter, das billige Parfüm einer Besucherin, die sich an mir vorbeidrängt.

Weiche zitternde Knie, Herzklopfen, Kloß im Hals, Tränen in den Augen – ich verlasse die Gruppe. Erkunde die beiden alten Friedhöfe. Der Lazarus-Friedhof ist der älteste der Stadt. Nur Adlige wurden hier begraben. Ob Anna, ihre Mutter, ihr Vater hier ihre letzte Ruhe fanden? Alles ist verschneit, auch die Grabsteine.

Ein junger Russe, dem vorn zwei Zähne fehlen, sitzt in einem kleinen Holzhäuschen und verkauft die Eintrittskarten für den alten Lazarus-Friedhof und für den Tichwiner-Friedhof, auf dem die Berühmtheiten liegen: Tschaikowski, Dostojewski, Rimski-Korsakow, Krylow und viele andere. Er weist mir den Weg durch eine Lücke im Zaun, es ist eine Abkürzung und ich kämpfe mich durch hartes Gestrüpp und Eiszapfen hindurch, hin zum Direktor der Friedhöfe. Er sitzt in einem kleinen dunklen Büro mit abgesplitterten Sprelacart-Möbeln. Er sucht in den Listen und findet, dass von den Trubetzkois nur Annas Bruder Peter hier begraben liegt. Aber sein Grab ist nicht zu finden, der Schnee hat alles bedeckt, gleichgemacht und unkenntlich.

In der Dreifaltigkeitskathedrale zünde ich zwei Kerzen an. Eine für Anna, eine für den Priester. Hier will ich noch einmal hin, in aller Ruhe und an einem Gottesdienst teilnehmen.

Ich halte Ausschau nach meiner Gruppe, finde sie schließlich am Bus. Sie warten schon auf mich. Diesmal kratze ich kein Loch in die Scheibe. Es ist 17 Uhr und sowieso alles schon dunkel.

Am Silvestertag besuchen wir früh die Eremitage. Das Gedränge, die Menschenflut ist unvorstellbar. Ich halte Ausschau nach den Dingen, die meine „Helden" gesehen haben könnten. Hier – die goldene Kutsche von Peter dem Großen – die hat auf jeden Fall Nikita gesehen. Ich verliere mich in der Goldpracht der Säle. Insgesamt sind es über eintausend. Ich bräuchte Tage, um alle zu durchstreifen. Ich verweile im Malachitsaal, dessen Säulen und Kamine mit zwei Tonnen feinstem Malachit aus dem Ural verkleidet sind. Ich bewundere die Möbel, die verspiegelten Fenster, die Türen und die Parkettböden. Die Gemälde von da Vinci, El Greco, Rubens und Rembrandt, auf die sich alle stürzen, als wären sie am Verhungern, nehme ich kaum wahr. Gern wäre ich einfach nur vor der Kutsche stehen geblieben. Das hätte gereicht. Doch es gibt kein Verweilen, keine Zeit zum Nachspüren, die Dolmetscherin hetzt uns weiter. Nach zwei Stunden verlassen wir die Eremitage. Meine Füße brennen und ich bin erschöpft. Fahre mit zurück zum Hotel.

Gleich nach meiner Ankunft hatte ich versucht, Fürst Gagarin anzurufen. Aber: fremde Länder, fremde Sitten! Es gibt in Russland kein Namenstelefonbuch so, wie bei uns. Nur Organisationen, Vereine, Verbände und öffentliche Einrichtungen sind verzeichnet. So war das zu Sowjetzeiten und so ist es noch heute. Die Dolmetscherin ruft für mich die Auskunft an. Ja, es gibt zehn Gagarins in Petersburg. Aber nur, wenn sie den Vatersnamen oder das Geburtsdatum oder die Wohnadresse weiß, wird ihr die zugehörige Telefonnummer verraten.

Im Hotelfoyer gibt es einen kleinen Internetverschlag. Die beiden E-Mails, die ich an Gagarin geschickt hatte, kamen wieder zurück. Irgendetwas an der E-Mail-Adresse, die ich von Grotthuss bekam, musste falsch sein. Die Dolmetscherin hat herausgefunden, dass Fürst Gagarin am Silvesterabend im Jusupow-Palais einen Empfang geben würde für ausgewählte noble Gäste. Ich lasse mich mit dem Jusupow-Palais verbinden, wieder und wieder, keiner nimmt dort den Hörer ab.

Bald ist das Jahr vorbei. Abends findet im Hotel ein großer Ball statt. Extra für die Deutschen. Meine Reisegruppe und noch paar andere – das ergibt einen Saal mit einigen hundert Deutschen. Die Russen zeigen ein Folkloreprogramm, danach spielt eine Kapelle zum Tanz. Wir sitzen an voll beladenen Tischen: Fisch – gebraten und gedünstet, Hühnchen, viele verschiedene Pasteten, Eier mit Kaviar, Kuchen und Gebäck, in großen Behältern stehen zehn warme Gerichte bereit, die sich jeder selbst nach Bedarf holen kann, und es gibt natürlich jede Menge Wodka und russischen Sekt. Punkt zwölf wird angestoßen. Keiner sieht mir dabei in die Augen. Die drei letzten Jahre hatte ich Silvester bewusst allein verbracht. Und es war wunderbar: Resümee ziehen, mich einstimmen auf das neue Jahr, mein Jahresorakel machen, mich besinnen.

Silvester in Gesellschaft – eine einsame Angelegenheit. Ein bisschen traurig bin ich schon, wenn ich die Tanzenden beobachte. Ich hätte so gerne getanzt. Vom Hotel aus ist kaum Feuerwerk zu sehen, nur lautes Knallen ist zu hören. Der Besuch der Eremitage hatte mich so fußlahm gemacht, dass ich die Idee, allein ins Zentrum zu fahren und mich unter die Russen zu mischen, schnell wieder verworfen habe.

Gegen halb zwei gehe ich auf mein Zimmer, nehme ein Neujahrsbad und lasse Petersburger Wodka heiß durch meine Kehle rinnen.

Am Neujahrstag fahre ich allein zum Newski-Kloster. Der Gottesdienst in der Dreifaltigkeitskathedrale hat schon begonnen. Der dichte Weihrauch und der vielstimmige Gesang der Priester lässt mich sanft schwanken. Alle stehen, es strengt an, so lange zu stehen. Ohne erkennbaren Anlass bekreuzigen sich die Leute ständig und verbeugen sich tief. Jeder in seinem eigenen Rhythmus. Ich tue es ihnen nach, es entlastet meinen Rükken. Vielleicht ist das viele Verbeugen ja nicht nur Ausdruck der Demut, sondern auch den vielen schmerzenden Rücken geschuldet?

Vor der Gottesmutter „Snamenija" zünde ich eine Kerze an. Das Kind der Gottesmutter sitzt direkt in ihrem Herzen und hat eine Schriftrolle in der Hand. Welch wunderschöne Ikone!

Acht Priester zelebrieren die Messe. Einer von ihnen tritt nach vorn. Die Menge der Gläubigen bildet eine Reihe vor ihm. Der Priester hält einen goldenen Pinsel in seiner Hand, den er in einen goldenen Kelch taucht, der ihm vom Messdiener entgegengehalten wird. Jedem malt der Priester ein Kreuz auf die Stirn. Ist es Öl oder Weihwasser? Danach küssen die Gläubigen seine Hand. Manchmal sieht er die Menschen dabei an, manchmal nicht.

Ist das eine Neujahrszeremonie? Hat Anna ihren Priester so kennen gelernt? Ist die rote Stelle auf meiner Stirn eine Narbe gewesen, die Anna von ihrem Unfall zurückbehalten hat, oder war der rote Kreis die Erinnerung an das Kreuz des Priesters, gemalt auf Annas Stirn? Hat er damals in ihre Augen gesehen? Hat sie seine Hand geküsst? Begann alles so?

In mir ist das große Bedürfnis, mich ebenfalls anzustellen, Schritt um Schritt nach vorn geschoben zu werden, bis auch ich an der Reihe bin, bis auch ich vor dem Priester stehe.

Aber meine Scheu ist größer.

Sehr nachdenklich fahre ich zurück, fühle mich tief mit Anna verbunden. Ich hatte bei Bianca ausgetestet, dass Annas Priester am Rande von Petersburg in einer Kirche aus Stein seinen Dienst tat. Und das Newski-Kloster war damals am Rande von Petersburg. Und die Mariä-Verkündigungskirche ist aus Stein gebaut.

Als ich im vorigen Sommer über Anna schrieb, hatte ich die Kirche des Priesters intuitiv „Marienkirche" genannt.

Die Dolmetscherin hat inzwischen die Adresse der Petersburger Adelsversammlung herausgefunden. Am nächsten Tag gehe ich in die Rubinsteinstraße – wie erwartet: nichts. Kein Schild, kein Hinweis, nur abbröckelnder Putz und Berge von Müll im Hinterhof.

Am nächsten Tag fahren wir nach Zarskoje Selo. Alles ist wunderbar. Die Ballsäle, die sechs Meter hohen Spiegel, die Öfen, das Parkett – eine Intarsienarbeit aus Dutzenden von Hölzern, vielfarbig liegt es da wie ein Teppich, die vergoldeten Holzschnitzereien, die seidenbespannten Wände, das Bernsteinzimmer... Mich überfällt die gleiche Art von Traurigkeit, die ich schon in Romeskaln verspürt habe. Seltsam. Was hat das zu bedeuten? Danach in Pawlowsk gönne ich mir eine Schlittenfahrt. Ein weißes Pferd zieht unsere Kutsche, der Schnee knirscht unter den Kufen, und die Menschen, denen wir auf unserer Fahrt durch den Wald begegnen, verbeugen sich vor mir. Ob sie das immer tun?

Der letzte Tag. Ich bin allein. Die Gruppe ist schon abgereist. Ich musste einen Tag länger buchen, weil es nur dann mit dem Rückflugticket geklappt hat. Vor mir liegt der aufgefaltete Stadtplan. Noch einmal will ich versuchen herauszufinden, wo Anna in Petersburg gelebt hat. Ich benutze meine Kette mit dem Rhodochrosit-Anhänger als Pendel. Das Pendel schlägt immer an der gleichen Stelle aus – am Fluss Moika.

Ich setze mich in die nächste U-Bahn und fahre zur Moika. Folge dem Flusslauf. Petersburg im Sommer muss sehr viel anders sein. Jetzt ist Winter, all die vielen Flüsschen und Kanäle sind zugefroren, sie wirken wie weiße Straßen. Entlang der Moika stehen viele alte Gebäude. Ich fühle mich wie in einer leichten Trance. Es gefällt mir, hier entlang zu laufen. Ja, vielleicht hat Anna hier gelebt.

Galina, eine Regisseurin aus Petersburg, die ich von der Dokfilmwoche her kenne, kommt heute Abend aus Rom zurück. Es ist zu spät, um sie zu treffen. Aber ich entwerfe einen Brief an sie. Ich werde sie fragen, ob sie Lust hat, für mich in den Petersburger Archiven zu recherchieren.

Am Montag, dem 6. Januar, steige ich um 12.10 Uhr in Leipzig aus dem Zug. Früh noch in Petersburg – jetzt schon wieder in Leipzig. Weltenwechsel. Kaum zurück, habe ich Sehnsucht nach dieser Stadt, die mich verzaubert hat.

$\mathcal{W}$ie lange Anna verschwunden war, wusste keiner zu sagen. Man hatte überall nach ihr gesucht. Doch auch die geheimen Nachforschungen, mit denen Fürst Trubetzkoi zwei seiner engsten Vertrauten beauftragt hatte, brachten kein Ergebnis. Anna war und blieb spurlos verschwunden. Kein Zeichen, das auf ihren Verbleib deutete.
Ihr Verschwinden unterlag der strengsten Geheimhaltung. Für die Dienerschaft war Fürstin Anna krank. Und wenn Anna Danilowna gemeinsam mit Konstantin Murajew Annas Zimmer betrat, ahnte keiner, dass die beiden in ein leeres Zimmer traten und ihren Mienen beim Verlassen des Raumes war nur zu entnehmen, dass es schlecht um Anna stand.
Doch wie lange ließ sich solch ein Geheimnis bewahren?

Noch war der Kreis der Eingeweihten klein. Nikita Jurjewitsch, Anna Danilowna und der Arzt Konstantin Murajew. Aber Alexander Naryschkin würde sich nicht mehr länger hinhalten lassen. Tag für Tag verstärkte er sein Drängen, endlich vorgelassen zu werden zu seiner Frau.
Eine tote Tochter ist besser als eine verschwundene Tochter.
Eine tote Tochter ist besser als eine verrückt gewordene Tochter, eine Irre, die sicher längst unter den Newa-Leichen zu finden ist, unkenntlich, aufgedunsen, namenlos. Und dass seine Tochter verrückt geworden war, daran zweifelte Nikita Jurjewitsch keinen Moment.

Ja, er musste eine Entscheidung treffen.

Und so ließ er verkünden, dass die Krankheit bald ausgestanden sei, dass es Anna zunehmend besser ginge, dass sie bald wieder ihr Zimmer verlassen würde, voll und ganz genesen von einem bisher unbekannten Nervenfieber.

Er entging damit der unausweichlichen Krankensalbung, ausgeführt von sieben Priestern – denn weitere sieben Mitwisser konnte er sich nicht leisten.

Und nun hieß es endlich handeln:

Die Leiche, die er aufbahren ließ, entsprach in Größe und Form seiner Tochter Anna. Keiner würde je erfahren, wie er die Leiche beschafft hatte.

Die Tote trug ein Kleid aus roter Seide, der Körper war über und über mit weißen Blumen geschmückt, dem traditionellen Symbol der Todesüberwindung und das Gesicht war mit einem zarten, weißen Baumwolltuch bedeckt.

Es sei Annas Wille gewesen, auf den üblichen „letzten Kuss" auf Stirn und Mund zu verzichten, da die Krankheit ihr Gesicht entstellt habe und sie wünschte, dass alle sie so in Erinnerung behielten, wie sie gewesen sei.

Dem Leichenzug zum Newski-Kloster folgte nur ein kleiner Kreis von etwa zwanzig Personen.

Anna Danilowna hielt sich aufrecht und fast schien es, als müsste sie ihren Mann stützen, der seine Trauer und seinen Schmerz so deutlich zeigte, dass keiner seine Angst wahrnehmen konnte, die aufflammte, als der Priester in seiner Totenrede besonders die Hoffnung auf die Auferstehung der Toten betonte.

Sascha war ganz in sich zusammengesunken. Er hatte doch geschworen, seine Herrin vor Unheil zu bewahren. Und nun war sie tot.

Alexander Naryschkin schien um Jahre gereift. Zwei Kinder hatte seine Frau ihm hinterlassen. Zwei starke, gesunde Kinder. Sie lächelten, wenn sie ihn sahen, sie brauchten ihn, sie wiesen ihn nicht ab und sie waren noch zu jung, um zu verstehen, dass sie keine Mutter mehr hatten. Anna – er hatte sie nie wirklich verstanden, sie war ihm eine Fremde geblieben. Die Zärtlichkeit und

Wärme, die er jetzt für die Kinder empfand, taten ihm gut. Fast war es, als sei Annas Tod ein Segen. Sein unscheinbares Wesen schmolz unter den Blicken der Anteilnahme, die auf ihm ruhten, und er spürte seine neue Verantwortung als Quelle der Kraft. Peter wirkte gefasst und seltsam ruhig. Und er ließ den Priester, der die Totenrede hielt, keinen Moment aus den Augen.

Es war Pater Emmanuel.

Emmanuel bestand nur aus Ohnmacht und Schmerz. Er fühlte, wie sich alles Blut, alles Leben langsam aus ihm zurückzog. Sein Gesicht wurde blass, der Hals, und – unsichtbar für alle anderen – setzte sich die Blässe unter seiner Kleidung fort. Er konnte es spüren, Schicht um Schicht, bis zu den Füßen, alles an ihm war weiß und blutleer geworden unter seinem prächtig bestickten Gewand.

Und noch immer stand er aufrecht, hielt die Totenrede, sprach von Auferstehung, von Gott, vom Paradies. Hätte ihn einer mit dem Finger auch nur leicht berührt, er wäre zerfallen, hätte sich in Nichts aufgelöst, wie ein kunstvoll aufgebauter Turm aus weißer Asche.

Annas Tod kam seiner Vernichtung gleich. Wie sollte er noch weiterleben? Alles an ihm war tot. Nur sein Herz konnte er noch spüren, als hämmernden Schmerz.

Peter und Anna Danilowna traten auf ihn zu, dankten ihm für seine Rede und sie hielten seine Hand, als wollten sie ihn trösten, ihn, der doch sie hätte trösten müssen.

Sie nahmen ihn in ihre Mitte und führten ihn zu Alexander Naryschkin.

„Danke, Pater, für ihr Mitgefühl", sagte dieser, „bitte segnen Sie Annas Kinder."

Und da er es tat, kehrte das Blut in seinen Körper zurück, denn er sah, dass es seine Kinder waren.

Mein I Ging-Jahresorakel für das neue Jahr:
Umwälzung (Revolution) wandelt sich in Durchbruch (Entschlossenheit). Alles deutet auf Kraft und Veränderung hin.

Ich entmülle meine Wohnung.

Ich verschiebe die geplante China-Reise auf das nächste Jahr.

Ich entscheide mich, das Vorhaben, in diesem Jahr eine Ausbildung zur Reinkarnationstherapeutin zu beginnen, ersatzlos zu streichen.

Ich verschenke zwei Grünpflanzen, die ich von Menschen erhielt, die mich später enttäuscht haben, und kaufe mir stattdessen zwei neue.

Ich weiß ganz sicher, dass ich dieses Jahr zum ersten Mal nicht allein nach Litauen fahren werde.

Ich bestelle mir beim Universum einen Partner, der mich stärkt und nicht schwächt, bei dem ich Vertrauen haben kann und bei dem ich all das weitermachen kann, was mir wichtig ist.

Ich suche mir endlich einen neuen Zahnarzt.

Ich setze durch, dass meine Krankenkasse mich nicht höher einstuft.

Und ich bereite mich gründlich auf das Familienstellen am 18. Januar vor.

Noch einmal gehe ich vorher zu Bianca. Wir testen aus:

Das Haus der Trubetzkois stand an der Moika.

Annas Vater hat in den „Zwölf Kollegien" gearbeitet.

Der Kolja von heute war damals Annas Halbbruder Peter.

Mein Durchfall wird sich auflösen, wenn ich mit dem Schreiben fertig bin.

Annas Mutter existiert auch in meinem jetzigen Leben.

Es ist meine liebe Freundin und Vertraute Katharina.

Und dann ist es endlich soweit. Das Familienstellen zu Fürstin Anna. Was wird geschehen? Was werde ich erfahren?

Wir sind 19 Leute – und keiner von uns wird diesen Tag wohl jemals vergessen. Die Therapeutin Regina hat die schwere Aufgabe, die Konflikte stehen zu lassen, nicht einzugreifen, nicht aufzulösen. Jeder von uns durchlebt die Gefühle eines ganzen langen Menschenlebens – geballt an einem Tag. Das geht an die Substanz.

Wir stellen verschiedene Situationen aus Annas Leben. Keiner kann sich der Wucht der Emotionen verschließen. Sobald die Stellvertreter an ihrem Platz stehen, sind sie in der Energie des 18. Jahrhunderts, im Gefühl der

Person, die sie darstellen. (Ich habe meine Freundin Katharina gebeten, Annas Mutter darzustellen. Erst am Tag darauf sage ich ihr, dass sie damals wirklich Annas Mutter war.)

Nach der 10. Aufstellung breche ich ab. Der Priester besucht Anna in Livland, die beiden halten sich im Arm, umgeben von Zigeunern können sie endlich ihre Liebe in Freiheit leben. Endlich Glück. Endlich Liebe. Endlich Erfüllung.

Ich sage: „Schluss! Das ist das Schlussbild!"

Ich habe keine Kraft mehr, um noch weitere Situationen aufzustellen, bis hin zu Annas Tod. Zu viele Tränen sind schon geflossen, zu viel Verzweiflung, Ohnmacht, Hilflosigkeit und Zerrissenheit ist schon durchlebt worden.

Ich bedanke mich bei allen und – ich fühle mich verantwortlich. In den Tagen darauf kümmere ich mich um jeden einzelnen, frage nach seinem Befinden. Die meisten sind noch tagelang in dieser Energie, sind aufgewühlt, nachdenklich, unruhig oder wie betäubt.

Gernot, der den Priester dargestellt hat, ruft mich am nächsten Tag an. Er erzählt, dass er am Abend nach dem Familienstellen seine Frau Helge (sie hat ebenfalls an diesem Familienstellen teilgenommen) in die Arme nahm und zu ihr sagte: „Bitte, sei meine Anna!"

Eine Woche später lade ich alle zu mir nach Hause ein – zum Nachgespräch. Das tut gut. Die Erschütterung, die alle ergriffen hatte, legt sich langsam. Wir können wieder gemeinsam lachen, trinken Tee und lassen das Familienstellen noch einmal Revue passieren.

Ich mache mir Notizen, um ja nichts zu vergessen, und später, als ich wieder allein bin, sehe ich mir auch in aller Ruhe das Video an, das meine Tochter Anna von unserem Familienstellen aufgenommen hat.

Danach weiß ich mehr von Fürstin Anna und den Menschen in ihrer Umgebung, von ihren Gefühlen und wie sie zueinander standen. Und ich glaube sogar, ein Familiengeheimnis entdeckt zu haben:

Fürst Peter (Sohn aus der ersten Ehe des Fürsten Trubetzkoi mit Nastasia Golowkina) identifiziert beim Familienstellen deutlich den Liebhaber seiner Mutter, den Fürsten Dolgoruki, als seinen leiblichen Vater.

(Ich bin im Besitz der Porträts dieser drei Männer. Ich lege die Bilder nebeneinander:

Fürst Trubetzkoi, Fürst Peter, Fürst Dolgoruki.
Und ich kann es deutlich sehen: Peter ähnelt Dolgoruki.
Schnell rechne ich nach: Dolgoruki war erst 16 Jahre alt, als er Peter
zeugte. Na ja, warum nicht, rein biologisch ist das schon möglich.)

Fürst Nikita Trubetzkoi wirkt die ganze Zeit hart, verhalten, undurch-
dringlich. Nur wenn er glaubt, dass keiner ihn beobachtet, steht er da wie
ein begossener Pudel, wie ein armes Schwein.

Nastasia Golowkina ist kokett, flirtet rum. Und es hat den Anschein, als
wäre sie am Ende ihres Lebens verrückt geworden.

Anna Danilowna ist die Ambivalenz in Person. Schön und stolz, und im
nächsten Moment aufgelöst und verzweifelt. Zu ihrer Tochter Anna steht
sie in deutlicher Konkurrenz. Ihren Mann Nikita Trubetzkoi lehnt sie ab.
Seine Berührungen sind ihr unerträglich.

Annas Ehemann Fürst Naryschkin ist als Persönlichkeit ein Niemand.
Keiner nimmt ihn wahr, keiner richtet das Wort an ihn, er ist Luft. Ein
Mensch voller Minderwertigkeitskomplexe, die leibhaftige Impotenz.

Die Aufstellung macht deutlich, dass die Familie des Priesters mit der
Familie der Trubetzkois gesellschaftlich verkehrt haben muss. Sie müssen
sich gegenseitig besucht haben.

Der Priester ist anfangs souverän. Doch Anna zieht ihn in ihren Bann.
Alle Aktivität geht von ihr aus. Er laviert, ist hin und her gerissen zwischen Verantwortung und Leidenschaft.
Als Anna nach Livland geht, verliert er den Boden unter den Füßen,
schwankt haltlos, weint, wird blass bis auf die Knochen, fast bis zur Ohnmacht. Es scheint, als glaubte auch er, Anna sei gestorben. Und es scheint,
als hätte er die Trauerrede für sie gehalten. Demonstrativ blickt er nach
unten, dorthin, wo die Toten liegen.

Die Frau des Priesters war offenbar eher schlicht. Sie ist ganz für ihre
fünf Kinder da, ahnt die Zerrissenheit ihres Mannes, hat aber keinerlei
Zweifel, dass er bei ihr bleibt.

Anna ist gnadenlos und erschreckend direkt. Ja oder nein. Liebe oder Hass. Sie scheint keine Zwischentöne zu kennen.

Wie hypnotisiert schaut sie den Unfall an. Es ist der gleiche hypnotisch saugende Blick, mit dem sie auf den Priester schaut.

Es reicht ihr nicht, geliebt zu werden.

Sie will den letzten Beweis. Liebe über den Tod hinaus.

Sie wirft sich dem Unfall in die Arme, obwohl fünf Leute sie versuchen aufzuhalten, und erzwingt so die Zuwendung ihrer Eltern. Sie lässt sich für tot erklären und geht nach Livland. Aus der Ferne beobachtet sie, wie der Priester zusammenbricht. Jetzt erst kann sie glauben, dass er sie liebt.

Anna verabschiedet sich, bevor sie nach Livland geht:
Ihre Mutter sagt: „Ich verstehe dich. Ich bin stolz auf dich."
(Das könnte bedeuten, dass die Mutter um ihr Geheimnis wusste.)
Anna sagt zu ihrem Vater: „Ich würde dir gern noch so viel sagen."
(Das könnte heißen, dass Nikita Trubetzkoi nicht in das Geheimnis einge-
weiht war.)
Und Halbbruder Peter sagt zu Anna: „Du bist stärker als die anderen. Du hast deine Kinder verlassen für die Liebe zu einem Mann. Ich weiß nicht, ob das gut ist oder schlecht. Es ist einfach nur stark."
(Offenbar hat auch Peter Annas Geheimnis gekannt.)
Und Anna flüstert Peter zu: „Du mein Vertrauter!"

Annas Kinder klammern sich aneinander, schluchzen verzweifelt und kommen erst zur Ruhe, als Annas Ehemann Naryschkin sie in seine Arme nimmt. Endlich hat auch er eine Aufgabe. Endlich nimmt auch ihn jemand wahr. Endlich wird auch er mal gebraucht.

Anna unter den Zigeunern in Livland: Sie fühlt sich gut aufgehoben, sie haben viel Spaß zusammen.
Die Zigeuner-Älteste: „Anna kommt mir exotisch vor, ich habe mütterliche Gefühle für sie, möchte sie beschützen und mich um sie kümmern."

Als der Priester dann nach Livland kommt, ist es das erste Mal, dass alle Aktivität von ihm ausgeht: Er geht auf Anna zu. Er legt den Arm um sie.

Er sagt: „Von selbst würde ich freiwillig hier nie wieder weggehen. Etwas müsste mich dazu zwingen. Hier bin ich glücklich."

Das also war unser Schlussbild.

Kurze Zeit später halte ich das Tagebuch von Nikita Jurjewitsch Trubetzkoi in der Hand.
Galina aus Petersburg hat es in einem alten russischen Archiv gefunden. Sie will Geld für ihre Recherche. Ich überweise es ihr. Der Text ist alt-russisch. Zum Glück habe ich eine russische Kursteilnehmerin, die den alten Text lesen und übersetzen kann.
Dieses Tagebuch ist nun das Tagebuch eines der mächtigsten Männer im Russland des 18. Jahrhunderts – es ist ein seelisches Armutszeugnis.[40]
Ich erfahre, dass Anna in der Ukraine geboren wurde, um 1.30 Uhr nach Mitternacht am 9. Oktober 1737, unweit der Dnepr-Klippen, auf der Insel Kamensk.
Ich suche den Ort auf der Landkarte. Kann nur das Gebiet einkreisen. In der Nähe von Saporoshje muss es gewesen sein.

Einmal monatlich treffe ich mich mit vier Russinnen. Ich sage der Ein-fachheit halber „Russinnen", obwohl sie auch deutsches Blut haben. Olga und Natalie kommen aus Kasachstan, Nadja und Ludmila aus der Ukrai-ne. Jeden Monat ist eine von uns die Gastgeberin. Wir kochen füreinan-der, lachen, reden über Energiearbeit, über Männer, über Sex, über unse-ren Alltag. Diese vier Frauen geben mir so viel Kraft. Ich fühle mich mit ihnen, als seien sie meine Familie. Frauenpower pur!
Die vier haben ihren ersten Reiki-Grad bei mir gemacht und sie treffen sich jede Woche, um sich gegenseitig mit Reiki zu behandeln.
Nadja will ihrem Mann Anatoli von Fürstin Anna erzählen. Er ist ein Gelehrter, lebt inmitten von Hunderten von Büchern, vielleicht findet er etwas heraus.

Michael besucht mich. Ich erzähle vom Familienstellen und lese ihm eini-ges aus meinen Texten vor. Er denkt laut nach: „Das wirklich Spannende ist doch deine Suche, die Verquickung der alten Geschichte mit heute.

---

[40] Der Anhang enthält das vollständige Tagebuch.

Nach und nach setzt sich das Puzzle zusammen, immer wieder springst du aus der Gegenwart in die Vergangenheit. Du musst den Leser mitnehmen, ihn an deiner Suche teilhaben lassen, ihn auch mal klüger sein lassen, mal an der Hundeleine vorneweg laufen lassen. Das Damals und das Heute zu trennen, so wie du es bis jetzt getan hast, das ist total unspannend, es nimmt jeglichen Reiz. Und du darfst nicht vergessen, dass das, worüber du da schreibst, für den normalen Leser über weite Strecken äußerst bizarr ist. Also solltest auch du staunen und verwundert sein. Dann könnte es richtig gut werden. Ein Krimi der besonderen Art." Noch immer weiß er nicht, dass er damals Annas Ehemann war. Die Frau, mit der er zusammenlebt, seit wir uns getrennt haben, hat am 9. Oktober Geburtstag – genau wie Anna...

Als Peter die Tür öffnete, hätte er Anna beinahe nicht erkannt.

Sie war gekleidet wie eine Bäuerin und hatte dunkle Schatten unter ihren Augen. Peter stellte keine Fragen, er sah, dass sie todmüde war. „Schlaf dich aus. Danach wirst du mir alles erzählen."
Gemeinsam hatten sie am nächsten Morgen eine Kutsche bestiegen, die sie aus Moskau zurückbrachte nach Petersburg. In einer billigen Herberge am Rande der Stadt nahmen sie Quartier. Und keiner hätte in der dunkel gekleideten Frau, welche die Herberge betrat und zwei Stunden später eilig wieder verließ, Annas Mutter Fürstin Danilowna vermutet.

Noch einmal blickte Anna sich um. Rauchgeschwärzte Wände, knarrende ausgetretene Dielen, das Stroh, auf dem sie die Nacht verbracht hatte, der durchdringende Geruch nach Kohlsuppe und Pferdemist, der an ihren Kleidern haftete...
Die letzten Worte ihrer Mutter klangen noch in ihrem Ohr: „Ich verstehe dich. Ich bin stolz auf dich." Anna blickte auf das in Silber gefasste Emaille-Medaillon in ihren Händen: Es zeigte ein kühnes Gesicht. Das Porträt des Christoph Burkhardt Graf von Münnich. Das Porträt ihres wirklichen Vaters.
Peter trat auf sie zu. Er legte seine Hände auf ihre Schultern, schaute sie lange und aufmerksam an: „Anna, du bist stark.

Stärker als die anderen. Du hast deine Kinder verlassen, um deine Liebe zu Emmanuel leben zu können. Ich weiß nicht, ob das gut ist oder schlecht. Es ist einfach stark. Sei gewiss, ich werde alles tun, worum du mich gebeten hast. Und nun geh! Es ist an der Zeit."

Nadjas Mann Anatoli hat für mich recherchiert. Bei Valentin Pikul, einem populären russischen Historiker, der viele Bücher veröffentlicht hat, findet Anatoli eine heiße Spur, etwas wirklich Neues:
Fürst Nikita Jurjewitsch Trubetzkoi war von seinem Vorgesetzten, dem deutschen Generalfeldmarschall Graf Münnich, zum Oberproviantmeister befördert worden. Und dafür teilte die schöne Anna Danilowna, Trubetzkois zweite Frau, mit der er sich gerade vermählt hatte, das Bett mit Münnich. Sie war seine Geliebte und Münnich drückte alle Augen zu, wenn Fürst Trubetzkoi seine eigenen „Geschäfte" machte.

Trubetzkoi wird als diebisch, faul und korrupt beschrieben, als niederträchtig gegenüber seinen Untergebenen und als heuchlerisch katzbukkelnd gegenüber seinen Vorgesetzten. In dieser Zeit bekommt Anna Danilowna jedes Jahr ein Kind. Juri, Nikolai, Anna und Alexander. Münnich ist der Vater. Trubetzkoi gibt seinen Namen, hält den Mund und wird jedes Mal erneut befördert.
Ironie der Geschichte: Mit Münnichs Hilfe (Münnich regierte die ganze russische Armee, er war Innenminister und er war auch Außenminister) macht Fürst Trubetzkoi Karriere, steigt auf bis zum Generalstaatsanwalt. Und als Münnich, Ostermann und anderen 1742 der Prozess gemacht wird, ist es Fürst Nikita Jurjewitsch Trubetzkoi, der seinen Nebenbuhler zum Tode verurteilt.
Die Prozessakten sind überliefert.
Trubetzkoi fragt Münnich: „Bekennst du, dass du schuldig bist?"
„Ja", antwortet Münnich, „ich bekenne."
„Was ist deine Schuld?"
„Meine Schuld ist, dass ich dich auf der Krim nicht wie einen Dieb erhängt habe."
Münnich schreitet zum Schafott, als bekäme er die höchste Auszeichnung. Er ist frisch rasiert, trägt seinen roten Parademantel.

Das Urteil lautet: Mit der Axt werden nacheinander alle vier Glieder abgehauen, danach der Kopf.

Münnich ist ruhig und lächelt. Er zieht seine Ringe von den Fingern und schenkt sie den Henkern und den Soldaten. Seine Tabakdose, voll mit Diamanten, wirft er unter das Volk.

Im letzten Moment wird das Todesurteil in „Lebenslang" umgewandelt. Erst da beginnt Münnich zu schluchzen.

Er wird nach Pelim in Westsibirien gebracht. Pelim, das bedeutet: drei Monate im Jahr lästige kleine Moorfliegen und neun Monate im Jahr klirrende Kälte, Eis und Frost.

Erst 20 Jahre später holt Peter III. ihn aus der Verbannung zurück.

Münnich hat dort all die Jahre hart gearbeitet. In der Sommerzeit arbeitet er im Garten, mäht Gras, fischt und trinkt Wodka mit den Bauern. Am liebsten aber trinkt er den selbstgebrannten „Taiga-Honig". In der Winterzeit repariert er die Fischernetze, er eröffnet eine Schule für die Kinder der Verbannten und unterrichtet sie in Mathematik, Geometrie, Ingenieurwesen und antiker Geschichte.

Seine Zeitgenossen in Moskau und Petersburg sind inzwischen zahnlose klappernde Greise – er jedoch kehrt zurück, aufrecht, mit langen weißen Haaren, einem Bart, den er in Sibirien nie verschnitten hat, mit seiner nie erlahmenden Potenz und seinen unglaublichen Talenten im Liebesakt – und mit seinen 80 Jahren liegen ihm die Frauen erneut zu Füßen.

Er stirbt mit 85 Jahren. Am gleichen Tag wie Fürst Nikita Jurjewitsch Trubetzkoi.[41]

Das also war Annas Vater! Ich bin begeistert. Im Internet finde ich einen kleinen Laden in Berlin, der zwei alte Kupferstiche mit Münnichs Porträt zum Verkauf anbietet – vielleicht gönne ich mir ja einen davon.

Und noch etwas erfahre ich: Fürst Trubetzkoi erhielt von Zarin Anna Ioanowna ein Haus an der Moika – das Palais des Grafen Musin-Puschkin. Sic!

Hoch lebe mein Pendel, das für mich in meinem Hotelzimmer in Petersburg über der Moika ausgeschlagen hatte, als ich wissen wollte, wo Anna gelebt hat.

---

[41] Auszüge aus Alexandre Dumas' „Reise durch Rußland", die Graf Münnich betreffen, befinden sich im Anhang.

Christoph Burkhardt Graf von Münnich
1683 - 1767

Interessant. Anna hatte also deutsches und russisches Blut. Und ich lebe heute in Deutschland.

Interessant ist, dass Graf Münnich aus Oldenburg stammt und dass meine erste Westreise im Dezember 1989 mich nach Oldenburg geführt hat.

Und interessant ist auch, dass im letzten Sommer meine erste Textfassung eine lange Passage enthielt über die Faszination, die Sibirien und die dorthin Verbannten schon immer auf mich ausgeübt haben. Sie waren für mich der Inbegriff innerer Freiheit und Kreativität bei äußerem Eingesperrtsein. Sie waren für mich Leitbilder für meine Haltung in der DDR – eingesperrt von außen, doch innerlich frei und grenzenlos.

Wie ein roter Faden:
Peter Trubetzkoi ist der Sohn von Dolgoruki.
Anna Trubetzkaja ist die Tochter von Münnich.
Und Annas Kinder sind die Kinder des Priesters.
Es wimmelt von Kuckuckseiern in meiner Geschichte.
Und dann noch mein eigenes Grundgefühl, dass ich nicht das Kind meiner Eltern bin...

Kein großer Auftritt. Kein Tusch. Kein Erdbeben.
Ganz behutsam, sanft und leise ist ein Mann in mein Leben getreten, macht mir kleine Geschenke, ruft mich an, sucht meine Nähe. Ich bin verwirrt. Ben ist 17 Jahre jünger als ich. Wir verbringen viel Zeit miteinander, sehen Filme, gehen spazieren, hören Musik, unterhalten uns.

Doch es gibt keine Berührung – außer einer merkwürdig distanzierten Umarmung beim Begrüßen und beim Abschied. Die Umarmung ist so leicht und flüchtig und schnell, dass man sich nicht spüren kann. Ich sage ihm: „Entweder du gibst mir die Hand oder du umarmst mich richtig. Aber diese Art Umarmung will ich nicht länger. Die ist mir unangenehm." Als er geht, reicht er mir die Hand – und gleich darauf nimmt er mich fest in seine Arme. Ich frage: „Was bin ich für dich? Was erwartest du von mir?" Er sucht nach Worten, findet keine, sagt: „Ich schreibe es dir auf." Eine Woche später gibt er mir den Brief.

„Das ist ja ein Liebesbrief!" Er nickt.
„Und du weißt, wie alt ich bin?" „Ja, das weiß ich."
Damit ist alles gesagt. Der Bann ist gebrochen und endlich geschieht das,

was ich solange vermisst habe: Berühren, Riechen, Schmecken, Fließen. Das süße, wehe Ziehen im Bauch. Es ist da oder nicht da. Du kannst es nicht bewusst „machen". Und bei Ben ist es da.

Danke, liebes Universum!

Was würde wohl ein Mensch in 300 Jahren über einen von uns herausfinden?

Fakten, das ja. Aber was weiß er schon von unseren Gefühlen?

Bald werde ich Joël wiedersehen. Mitte Mai gibt er sein Seminar in Leipzig. Wieder ist ein Jahr vergangen. Ich verkneife mir, ihn vorher anzurufen. In jeder Zelle meines Körpers ist noch die Energie des Vorjahres gespeichert. Und eines weiß ich ganz genau: So will ich mich nicht wieder fühlen.

Bianca fragt: „Tja, wie willst du dich denn fühlen?"

Ich sage: „Unbeschwert, heiter, ohne Erwartungen."

„Gut, dann leg dich hin. Finde ein Symbol für eure Beziehung!"

Ich sehe ein zartgewebtes goldenes Tuch.

„Gib das Tuch in einen Ballon!"

Ich lege das Tuch in den Ballon. Er ist sehr groß und durchsichtig. Das Tuch, das sich eben noch im Wind leicht und anmutig hin- und herbewegt hat – er wirkt im Ballon erstarrt, steril und tot.

„Geh hinein!"

Sobald ich den Ballon betrete, erwacht das Tuch wieder zum Leben. Es wird zum fliegenden goldenen Teppich, ich schwebe darauf und juble.

„So, und nun geh wieder hinaus. Finde jetzt ein Symbol für deine Anhaftung an Joël!"

Es ist ein schwerer Klumpen Blei.

„Lege auch das Blei in den Ballon. Und dann geh wieder hinein!"

Ich trete ein. Wie ein Magnet paralysiert mich das Blei. Ich stehe darauf, werde starr, unbeweglich, es ist wie Angekettetsein in einem Kerker.

„Geh wieder hinaus!"

Das goldene Tuch nehme ich mit nach draußen, lege es um meine Schultern. Das Blei verbleibt im Ballon.

„Und jetzt übergib die Anhaftung dem Universum!"

Sofort ist da ein schwarzes Loch, das in einem reißenden Wirbel den Ballon in sich reinzieht, ihn verschlingt.

Still fließen meine Tränen. Ich sage leise: „Ich lasse dich los und gebe dich frei in der Vergangenheit, in der Gegenwart und für die Zukunft." Als ich die Augen öffne, fühle ich eine bisher unbekannte Trauer. Sie hat Würde.

Bianca blickt mich lange an: „Du siehst jetzt so aus, dass man sich vor dir verneigen möchte."

Wir forschen weiter zum Durchfall. Die Blase testet schwach, und damit verbunden die Angst, nicht auf eigenen Füßen stehen zu können. Es sind die überkommenen traditionellen Werte einer patriarchalen Gesellschaft:

Die Frau allein ohne Mann ist nichts wert, taugt nichts.
Die Frau sei dem Manne untertan.
Die Frau ist schwach. Der Mann ist stark.

Wenn ich nicht lerne, genau diese Werte zu achten, sie anzunehmen und einfach zu akzeptieren, dass es so ist und dass sie auch für viele ihre Berechtigung haben, wenn ich das nicht lerne, dann werde ich mich immer als Verbrecherin, als Gesetzesübertreterin, als Ausgestoßene fühlen.

Es geht nicht darum, dass ich das gut finde und so leben soll.

Es geht darum, meine Bewertung zu lassen, meine Ablehnung, meine Verurteilung.

Wenn ich gegen diese Werte rebelliere, mich über sie stelle und sage, das ist falsch, dann bin ich auf fatale Art und Weise mit genau diesen Werten verbunden und definiere mich unbewusst über sie.

Erst wenn ich den Kampf lasse, nicht mehr verurteile, sondern akzeptiere, erst dann können diese Werte mir keine Angst mehr machen.

Ich – unabhängig, auf eigenen Füßen stehend und gern allein lebend – ich habe Angst, nicht auf eigenen Füßen stehen zu können. Wie absurd. Und – wie wahr.

Diese Sitzung war sehr wertvoll für mich.

Im Grunde geht es um genau das, was Joël in seinen Seminaren als die größte Kraft bezeichnet: den Kampf, die Fixierung, das Dagegensein aufgeben, die Wahrnehmung erweitern und Einheit herstellen.

Leicht gesagt. Schwer getan.

Die Bergpredigt: Wenn man dich schlägt, so halte auch die andere Wange hin.

Wer tut das schon?

Lieber wehren, zurückschlagen, empört sein, den anderen runtermachen, ihn hassen, sich im Recht fühlen...

Was würde denn geschehen, wenn ich auch die andere Wange hinhielte?

Ich könnte die Erfahrung machen, dass der andere eben nicht zurückschlägt. Dass die Aggression wie ein Kartenhaus zusammenfällt, dass plötzlich Liebe da ist, wo vorher Kampf war. In Partnerübungen im Rahmen meines TaiChi-Unterrichtes habe ich diese wunderbare und immer wieder überraschende Erfahrung schon oft gemacht. Jetzt ist der Gegenspieler aber nicht im Außen, sondern in mir.

Die Frau allein ohne Mann ist nichts wert, taugt nichts. Die Frau sei dem Manne untertan. Die Frau ist schwach, der Mann ist stark...

Einverstanden. So sei es. Für all die, denen das gefällt und für die das so stimmt.

Ich sehe es ein bisschen anders. Und ich darf so sein.

Ich bin eine starke Frau, weil ich der ganzen Welt beweisen muss, dass Frauen gar nicht schwach sind.

Oder:

Ich bin eine starke Frau, weil ich es bin.

Dazwischen liegen Welten!

Zwei Tage lang war ich glücklich. Mit Joël. Wenn das Herz überläuft...

Immer wieder innehalten und spüren: So war es vor einem Jahr und so fühle ich mich jetzt.

Der Unterschied könnte krasser nicht sein.

Zwei Tage voller Liebe, ohne Anhaftung, ohne Erwartung, heiter und unbeschwert.

Dass das möglich ist! Dass das mir möglich ist! Dass das mir in Bezug auf Joël möglich ist!

Ohne Trauer konnte ich ihn wieder gehen lassen.

Vom ersten Moment an   diese Freude, dieses Gehaltenwerden, dieser Blick, in dem alles möglich ist, so weit ist er...

Joëls erste Worte: „Hast du Zeit heute Abend?"

Aber natürlich. Wie sollte ich keine Zeit haben?

In der Mittagspause geht Joël in den Garten. Ich rufe, so laut ich kann: „Joël! Ich komme!"

Und fliege auf ihn zu. Wir sitzen auf einer alten Holzbank. Jubel in mir und lautes Herzklopfen.

Dann kommen die anderen zurück vom Eisholen. Joël sagt: „Komm, lass uns zu den anderen gehen, wir können doch trotzdem zusammen bleiben."

Wir setzen uns mit an den großen runden Tisch im Freien. Ich bitte Joël um seine Jacke und lege mich ins Gras. Rauche, sehe in den Himmel, wie ein Kind, voller Vertrauen.

Dann denke ich: „Komm her, komm her..."

Schon wendet Joël sich um, er setzt sich neben mich auf die Wiese, ich bleibe liegen, streiche über seinen Rücken und er summt ein Lied dazu: Das ist so schön, das tut so gut...

Auch am Abend beim Grillen sitzen wir zusammen, halten unsere Hände, streicheln uns. Und immer wieder dieser lange Blick, kaum auszuhalten, so lang ist er und so voll mit Liebe, dass er alle Fesseln sprengt und dass die Welt uns gehört. Sie liegt uns zu Füßen.

Joël schreibt gerade ein Buch über seine Arbeit. Er sagt: „Da arbeiten wir nun beide mit Chi, und beide schreiben wir an einem Buch..."

Alles ist gut so, wie es ist. Nichts müsste lieber so oder so laufen.

Ich nehme Teile seines Seminars auf Video auf und zum Schluss, am Sonntag, bitte ich jemanden uns beide zu filmen. Wir sitzen auf dem Boden der Turnhalle: Intensiv, nah und ohne Scheu bekennen wir uns vor aller Augen zueinander.

Als unsere Wege sich trennen, bleibe ich noch einmal stehen, rufe: „Joël! Joël!". Er wendet sich um. Ich werfe ihm eine übermütige Kusshand zu. Er küsst zurück.

Ich sehe mir das Seminar-Video an. Joël ist ganz Priester. Alles, was er sagt, hat eine spirituelle Dimension, und alles was er tut, ist authentisch, entspricht der eigenen Lebenserfahrung.

Wie ich seine Bewegungen liebe, den Schwung seiner Hüften, das Fließende, das aus der Mitte kommt, und diese unglaubliche Kraft, die ihren Sitz im weit geöffneten Herzen hat und keiner Muskelanstrengung bedarf.

Die Technik „Wahrnehmung weit – Einatmen – Lösen" ist nicht länger eine Technik. Einheit herstellen, indem ich meinen Seelenraum öffne. Joël nennt es salopp das „Jesus-Prinzip".

Er personalisiert die Leute, die ihn im Würgegriff oder im Hebel niederdrücken als seine eigenen Ängste, er sagt: „Du bist meine Angst zu versagen. Du bist meine Angst, dass meinen Kindern etwas zustößt. Und du bist meine Angst, nicht anerkannt zu werden." Er gibt sich ganz seinen Ängsten hin, lässt sich von ihnen führen wie von Lotsen, sie gehören zu ihm, er ist nicht dagegen, nicht in der Trennung. Und somit können sie ihm auch nicht länger wehtun. Ohne sichtbare Anstrengung, leicht und mühelos, kommt er frei. Die Ängste, sprich die drei starken Kerle, die ihn fest gepackt hielten, müssen loslassen, können ihn nicht halten.

Interessant auch die Sache mit dem Schmerz: Einer liegt auf dem Bauch, der andere drückt so sehr er kann auf die Kniekehle. Ein höllischer Schmerz. Und genau diesen Schmerz aufnehmen wie ein Schwamm, ihn im ganzen Körper verteilen, ihn integrieren und eben nicht ableiten, ausleiten, weghaben wollen. Alle machen diese Partnerübung und alle machen diese kostbare Körpererfahrung: es geht, es ist möglich.

Am besten gefällt mir sein Zuruf-Spiel: „Sei Sturm, sei Feuer, sei wütende Hornisse, sei Schneelawine, sei eine Dampflok, die alles niederwalzt..." Es ist eine Partnerübung. Joël ruft „Sei Sturm!", und A ist Sturm. Wichtig dabei ist es, sich jetzt nicht hinzustellen und zu überlegen: „Hm... Sturm... Wie könnte denn das sein? Wie könnte ich denn einen Sturm am besten darstellen?" Wichtig ist, sofort, ohne Nachdenken, einfach Sturm zu sein. Was da an Naturgewalt aus jedem herausbricht, ist unglaublich kraftvoll, nicht zu bremsen. Und Partner B kann nur noch fluchtartig das Weite suchen. B hat keine Chance.

Im zweiten Teil dieses Zuruf-Spieles hat B die Aufgabe, etwas dem Entsprechendes zu sein.

Hier sind der Kreativität keine Grenzen gesetzt.

A ist zum Beispiel Sturm. Ich (B) werde zum Blatt, das im Sturm tanzt. Der Sturm hat augenblicklich seine Bedrohung verloren.

Oder A ist Dampflok. Ich werde zum Rücklicht oder zum Schaffner, der die Lok immer freundlich vorbeileitet.

Oder A ist eine wilde Hornisse. Ich werde zur Blüte, die diese Hornisse freudig aufnimmt...

Spielerisch zu erfahren, welche ungeahnten Kräfte in uns wohnen und dass es immer Möglichkeiten gibt, Gewalt zu neutralisieren, indem ich Einheit herstelle und Bestandteil der Situation Sturm, Dampflok oder Hornisse werde.

Dieses Spiel bringt uns alle ganz schön ins Schwitzen, aber es macht total Spaß.

Gestern sind endlich mit der Post die beiden Horoskope angekommen, die ich bei meinem Reiki-Lehrer Walter Lübeck bestellt hatte. Dank dem Tagebuch von Nikita Trubetzkoi kannte ich ja die genaue Uhrzeit, den Tag, das Jahr und den Ort, an dem Anna geboren wurde. Ein Horoskop zu Lebensplan/Lebenssinn und ein Horoskop zu Beziehungen/Sexualität. Ich verschlinge die beiden Horoskope und ich bin total überrascht. Mir scheint, als würde ich Wort für Wort mein eigenes Horoskop lesen. Annas Horoskope widerspiegeln mein Leben sehr viel mehr, als es mein eigenes Horoskop tut, das ich mir vor etwa fünf Jahren ebenfalls von meinem Reiki-Lehrer erstellen ließ.

Wieder ist Sommer. Ich sitze auf meiner Veranda, schreibe, lese, korrigiere, verwerfe, schreibe neu...

In einigen Tagen werde ich nach Litauen fahren. In mein Haus am Meer. Nur für eine Woche. Und Ben wird mich begleiten. Ben, der für mich die Schamanentrommel schlägt. Ben, der mit mir stundenlang zu Tom Waits tanzt. Ben, der so gut zuhören kann und der für mich da ist, wenn ich ihn brauche. Ein halbes Jahr dauert dieses Wunder nun schon an.

An den Tagen, die unseren gemeinsamen Nächten folgen, habe ich keinen Durchfall. Seltsam. Meine Freude darüber hält sich in Grenzen. Das ist eine „Abhängigkeit", die ich nicht will.

Doch mein Körper schert sich einen Dreck um meinen Willen. Er macht, was er will.

„Hast du die Flöte noch?" Anna nickte. „Gut, nun zeig endlich, was in dem Beutel ist."

Mira, die Zigeunerälteste, war kaum wiederzuerkennen. In ihrem grauen langen Haar begannen schwarze Strähnen zu wachsen.

Aufrecht, voller Würde und Kraft, stand sie vor Anna und ihre Augen, die doch einst blind waren, musterten Anna streng und klar.

„Gib her!" Mira schüttete den Inhalt des Beutels auf eine braune Pferdedecke – glänzende Goldstücke, Edelsteine und Schmuck. „Teilt es unter euch auf. Und lasst sie in Ruhe! Ich werde mich um sie kümmern. Folge mir!"

Sie führte Anna zu einer kleinen Holzhütte, die etwas abseits vom Hauptlager stand.

„Schlaf jetzt. Und warte hier, bis ich dich rufen lasse!"

Es vergingen mehrere Tage. Immer stand etwas Essen auf der Schwelle, doch nie sah Anna, wer es hingestellt hatte. Aus der Ferne beobachtete sie die Zigeuner. Es schien, als hätten sie ihre Anwesenheit vergessen. Alles war so unwirklich. Das Einzige, was ihr real erschien, war Emmanuel. Sie stellte sich sein Gesicht vor, als er von Peter erfuhr, dass sie lebte und dass sie hier auf ihn wartete. Sie sah, wie er die Kutsche bestieg, die ihn nach Romeskaln brachte. Sie sah, wie seine Gestalt durch die Bäume näher kam, und sie konnte hören, wie das Geäst unter seinen Füßen knackte. Und dann, wenn er dicht vor ihr stand und sie aufblickte, dann sah sie sich sitzen. Allein. Auf der Schwelle einer alten Holzhütte am Rande des Zigeunerlagers. Mitten im Wald. Und wieder schloss sie die Augen und stellte sich Emmanuels Gesicht vor, als er erfuhr...

„Mira will dich sehen. Steh auf!" Anna schreckte hoch aus ihren Tagträumen und wie eine Schlafwandlerin folgte sie dem Boten. Mira saß dicht am Feuer. Sie rauchte ihre Pfeife und blies Anna den Rauch ins Gesicht. „Es wird Zeit, dass du etwas tust. Was kannst du am besten?" Anna war verwirrt und völlig hilflos. „Los, antworte mir! Überleg nicht lange! Was kannst du?"

„Ich könnte deinen Leuten Lesen und Schreiben und Rechnen beibringen. Oder ein bisschen Französisch und Deutsch...?"

Mira begann schallend zu lachen. Jetzt erkannte Anna auch all die anderen Gestalten, die rings um das Feuer lagerten. Alle hatten zugehört und alle begannen zu lachen. Sie wälzten sich auf dem Boden, sie hielten sich die Bäuche, sie schnappten nach Luft.

Mira hob gebieterisch ihre Hand, und langsam verebbte das Gelächter. Anna stand wie versteinert und sie hatte nur einen Gedanken: „Emmanuel, wo bist du, erlöse mich, rette mich, hole mich hier raus, flieg mit mir davon..."

„Dein Priester wird kommen, wenn auch der letzte Baum sein Laub abgeworfen hat. Zwei Tage wird er bleiben und dann wieder gehen. Hab keine Angst. Er wird immer wieder kommen. Er liebt dich. Aber er wird auch immer wieder gehen. Deine Kinder vermissen dich. Du hast sie verlassen. Aber das ist jetzt nicht wichtig. Du hast dich entschieden, und jetzt lebst du bei uns. Du hast uns gewählt und wir haben dich aufgenommen. Jeder hat hier eine Aufgabe. Auch du. Ich habe dich beobachtet und nicht aus den Augen gelassen, und ich werde dir sagen, was du kannst: Die Schmetterlinge vertrauen dir. Sie kommen, sitzen auf deinem Kopf, deinen Schenkeln und deinen Armen. Sie reden mit dir, doch du nimmst sie kaum wahr, hörst ihnen nicht zu. Und du wirst tanzen. Wie keine je zuvor. Und wie keine nach dir. Antworte mir: Was siehst du, wenn du auf uns blickst? Schau genau hin!"

Mira verlangte die Wahrheit. Sie würde jede Ausflucht, jede Lüge sofort durchschauen. Und dann brach es aus Anna heraus: „Was ich sehe, willst du wissen? Ihr seid grob, ihr seid zerlumpt, ihr seid ungebildet, ihr stinkt, ihr flucht, ihr macht mir Angst!"

Und wieder begannen alle zu lachen, wie Wilde, wie Wahnsinnige, bis sie vor Tränen in den Augen nichts mehr sehen konnten. Eine laute Urgewalt war dieses Lachen und es prasselte auf Anna nieder wie Schläge. Sie hielt sich die Ohren zu, wollte fliehen, doch sie stand wie festgewurzelt. Mira gebot den Lachenden Einhalt. „Lasst ihr Zeit", sagte sie milde, „sie braucht Zeit."

Wochen, Monate vergingen. Das Laub färbte sich bunt und einzelne Blätter begannen schon nach unten zu schweben. Bald würde Emmanuel kommen.

Miras Stamm war kein gewöhnlicher Stamm. Sie zogen nicht von Ort zu Ort wie andere Zigeuner, sie lebten im Wald, in ihrem festen Lager. Manchmal verschwand einer von ihnen, blieb tagelang weg, und wenn er zurückkehrte, waren seine Taschen gefüllt, mit Gold und Juwelen oder mit Trauben, Fisch und Huhn. Dunkle Geschichten erzählten sich die Leute von diesen Waldmenschen. Sie hatten Angst, von ihnen verhext oder mit einem Fluch belegt zu werden. Doch wenn die Not allzu groß wurde, wenn die Felder verdorrten oder das Vieh starb oder einer große Schmerzen litt, dann schickten sie jemanden ins Lager und baten die Zigeuner um Hilfe.

Dreißig Jahre lang lebt Anna mit den Zigeunern auf Romeskaln. Sie wird eine der ihren. Sie lernt, die Sprache der Schmetterlinge zu verstehen. Ihre bunten zarten Gefährten lehren sie das Heilen. Hoch steigen sie hinauf, flattern mit ihren Flügeln und lassen sich wieder herab, um genau auf der Pflanze oder Blüte zu landen, die für eine bestimmte Heilung nötig ist. Sie begleiten Anna, wenn diese zu Kranken gerufen wird, sie zeigen ihr den Weg in die entlegenste Kate und sie assistieren ihr, indem sie sich genau auf der Stelle des Körpers niederlassen, die der Berührung bedarf. Anna benutzt ausschließlich die Kuppen des Daumens, des Mittelfingers und des Ringfingers ihrer rechten Hand. Sie presst die Kuppen fest zusammen und reibt oder klopft damit die Pflanzenessenz auf der Stelle ein, die die Schmetterlinge ihr gezeigt haben. Doch Anna erreicht auf diesem Gebiet nie die volle Meisterschaft. Ihre Fähigkeit ist an die Zeit der Schmetterlinge gebunden. Anna braucht ihre kleinen Helfer. Den Geist der Schmetterlinge in sich aufzunehmen, um das Wissen der Schmetterlinge auf immer zur Verfügung zu haben, sommers wie winters, das gelingt ihr nicht. Zu sehr sehnt sie sich nach Emmanuel, zu sehr ist sie an ihn gebunden. Er kommt zweimal im Jahr. Manchmal bleibt er eine Woche. Meist aber nur zwei oder drei Tage. Sie sprechen wenig. Sie halten sich. Sie verschmelzen.
Und wenn er dann wieder weg ist, beginnt Anna zu tanzen. Ihr Tanz hat nichts zu tun mit dem Tanz der Petersburger Gesellschaft. Es ist ein Tanz, der aus ihrem Herzen kommt und dem sie sich ganz hingibt.
Mira schickt Anna mit einer Truppe von Sängern und Schaustellern auf die Reise. Sie ziehen von Ort zu Ort. Und wenn Anna

tanzt, auf den Plätzen und Märkten, dann bleiben die Leute stehen. Keiner sieht ihr steifes linkes Bein. Alle sehen nur: Das ist der Tanz der Liebe. Je älter sie wird, umso ausdrucksvoller wird ihr Tanz.

Und die Umstehenden kramen in ihren Taschen. Und sie werfen ihre letzten Kopeken in den Sammelhut. Und wenn sie dann nach Hause gehen, mag es vorkommen, dass sie nicht zuschlagen, dass sie nicht fluchen, dass sie sich nicht betrinken und dass sie – für einen Moment nur – ihre Frau, ihren Mann, ihre Mutter, ihren Vater, ihre Kinder, ihre Nachbarn als etwas Besonderes sehen, als ein einmaliges kostbares Geschenk.

Anna kehrt immer wieder zurück nach Romeskaln.

Und dreimal in diesen dreißig Jahren spielt Anna das Flötenlied, um Emmanuel zu rufen. Und Emmanuel kommt.

Beim ersten Mal beweinen sie den Tod ihrer Tochter.

Beim zweiten Mal beten sie gemeinsam für ihren Sohn, der ein Spieler und Trinker geworden ist.

Und beim dritten Mal nehmen sie Abschied voneinander. Auf immer. Emmanuel wird bald sterben. Einen leichten, schnellen, natürlichen Tod. Anna weiß es. Die Schmetterlinge haben es ihr erzählt.

Es ist das Jahr 1790.

Anna verabschiedet sich von den Zigeunern und von Mira. Noch einmal spuckt die alte Zigeunerin in Annas Mund, um ihr Kraft zu geben für ihren letzten Weg.

Zwei Jahre braucht Anna. Dann ist sie in Petersburg.

Sie legt sich auf Emmanuels Grab. Es ist Nacht und es riecht nach Veilchen.

Aus ihrem Beutel nimmt sie die sorgfältig zubereiteten Maiglöckchen. Die getrockneten Wurzeln, Stängel, Blüten, die Blätter und die roten Früchte – alles zerstampft und zerrieben, ein rotgrünes Pulver.

Es schmeckt bitter und es schmeckt auch süß.

Anna lauscht auf ihr Herz. Es beschleunigt seinen Rhythmus. Schlägt schnell und schneller. Schon kann sie Emmanuel sehen.

Er wartet auf sie...

„Unter dem Elektronenmikroskop fotografierte Schneeflocken zeigen eine perfekte kristalline Geometrie. Keine Schneeflocke gleicht der anderen. Bringt man nun eine Schneeflocke zum Schmelzen und friert sie dann wieder ein, entsteht exakt die gleiche Schneeflocke. Wie das möglich ist? Sie kann sich daran erinnern, wer sie letztlich ist. Wasser hat tatsächlich ein Gedächtnis und ein Bewusstsein", so die Erkenntnisse des japanischen Wissenschaftlers Dr. Masuro Emoto von der Universität Yokohama City. Dies war allerdings nicht das einzige Experiment, mit dem der japanische Wissenschaftler die Welt überraschte. In weiteren Untersuchungen hat er etwas ganz Eigenartiges nachgewiesen: Wasser können wir nicht nur chemisch oder physikalisch, sondern allein durch Worte beeinflussen. Wasser, das unterschiedliche Personen mit den Worten „du machst mich krank" besprochen haben, wurde unter dem Elektronenmikroskop als chaotisches Gebilde sichtbar. Mit dem Wort „Liebe" besprochen, wurde ein perfekter Kristall sichtbar. Diese Versuche wurden zehntausende Male wiederholt, immer mit dem gleichen Ergebnis.[42]

Und wir, die Menschen, bestehen zu etwa 90 Prozent aus Wasser...

---

[42] „Madame", Juli 2003

Wohin gehen wir?

Immer nach Hause.

(Louis Aragon)

ANHANG

Der Armtest – das große Mittel der Psychokinesiologie

Du streckst einen Arm aus und der Therapeut drückt an deinem Handgelenk nach unten.

Je nach Fragestellung wird der Arm „stark" testen, d.h. er hat Kraft und bleibt oben, oder er wird „schwach" testen, d.h. du kannst ihn beim besten Willen nicht halten.

Ob die Muskeln stark oder schwach reagieren, hängt also nicht von deinem Verstand oder Willen ab, sondern von der Weisheit deines Körpers.

Gut für mich – schlecht für mich – dein Körper weiß es am besten.

Am Anfang wird zunächst nach deiner Testfähigkeit gefragt.

Das geht am besten mit den beiden Wörtern „ja" und „nein".

Bei „ja" wird dein Arm stark reagieren, bei „nein" schwach.

Wenn es keinen deutlichen Unterschied gibt, das kommt auch vor, aber sehr selten, ist es wichtig, einige Übungen zu machen, die deine Hirnhälften ausgleichen (z. B. Überkreuzbewegungen), oder ein Glas Wasser zu trinken.

Danach ist der Unterschied für dich deutlich spürbar.

Schon allein die Erfahrung zu machen, dass „ja" den Körper stärkt und „nein" den Körper schwächt, kann weitreichende Konsequenzen für dich haben.

Solange ich zu einer Situation, einem Konflikt, einem Menschen „nein" sage, wird es mich schwächen. Ablehnung, Dagegensein erhält den Konflikt.

Wenn ich „ja" sage zu einem Problem, einer Krankheit, einem Menschen, einer Situation, wenn ich annehme, wird es mich stärken und der Konflikt kann sich auflösen und wandeln.

Das ist auch das Geheimnis der Kampfkünste, wie ich sie verstehe und praktiziere und unterrichte. In dem Moment, wo du hart wirst, dagegen bist, dagegen hältst, bist du schon entwurzelt, und dein Gegner wird dich umwerfen. Nur, wenn du die Kraft des Gegners aufnimmst, annimmst, weich bleibst, wirst du im Vorteil sein. Diese Haltung ist jeder Muskelkraft überlegen.

Noch ein kleiner „ja – nein"-Ausflug in die Politik:

Die, welche „ja" sagen zu einem Krieg, stärken sich.

Die, welche „nein" sagen zu einem Krieg, schwächen sich.

Deshalb sind die Rufe „Nie wieder Krieg!" oder „Wir wollen keinen Krieg!" zwar verständlich, aber fatalerweise schwächen sie die Rufer. In der christlichen Tradition gibt es so ein schönes Wort wie „Fürbitte". Das stärkt. Und es stärkt auch, wenn ich sage: „Ich möchte Frieden!"

Zurück zum Armtest:

Bianca hatte also zunächst mit „ja" und „nein" meine Testfähigkeit herausgefunden.

Die nächste Frage war, ob die Ursache des „roten Kreises" in einem früheren Leben liegt. Wieder drückte sie meinen Arm.

Er blieb stark.

Ich muss hinzufügen, dass ich Bianca gebeten hatte, stumm zu testen.

Ich wollte ihre Fragen nicht hören, ich wollte unbeeinflusst davon spüren, ob mein Arm oben bleibt oder ob er kraftlos nach unten sinkt.

Das setzt natürlich ein großes Vertrauensverhältnis Therapeut – Klient voraus.

Bianca drückt also auf mein Handgelenk, der Arm hat Kraft oder er ist schwach – und erst danach sagt sie mir, wonach sie gefragt hat.

Jetzt könnte die Frage kommen: Wieso weiß **mein** Körper, was Bianca fragt?

Zugegeben, es ist ein Phänomen.

Ich kann es nicht erklären, ich kann nur erfahren, dass es funktioniert.

Auch bei dem „ja – nein" ist es unwichtig, ob **du** es sagst oder denkst, oder ob der Therapeut es sagt oder denkt.

Das Ergebnis ist das gleiche, und wenn du Lust hast, kannst du es gern mit jemandem ausprobieren und deine eigenen Erfahrungen damit machen.

Danach drückte Bianca viermal auf meinen ausgestreckten Arm.

Beim dritten Drücken blieb mein Arm stark.

Sie hatte stumm gefragt:

„War dieses frühere Leben, nach dem wir suchen,

im 20. Jahrhundert?

im 19. Jahrhundert?

im 18. Jahrhundert?

im 17. Jahrhundert?

Mein Arm blieb stark beim 18. Jahrhundert. Dann nochmal eine Bestätigungsfrage:

„Ist es richtig, dass das frühere Leben, nach dem wir suchen, im 18. Jahrhundert war?" – wieder starker Arm.

Dann weiter stumm:

„War Petra damals eine Frau?"

„War Petra damals ein Mann?"

Mein Arm blieb oben bei „Frau".

Dann fragte sie weiter nach dem sozialen Status, usw. usf....

Dein Körper weiß die Wahrheit. Bei einer Lüge reagieren die Armmuskeln mit Schwäche. Hier ein kleiner Test zum selbst ausprobieren:

Du sagst deinen Namen, z. B.: „Ich heiße Petra." – Dein Arm wird stark sein, wenn du Petra heißt.

Du sagst: „Ich heiße Ingelore." – Dein Arm wird schwach testen, wenn du nicht Ingelore heißt.

Du kannst auch sagen: „Ich bin jetzt in..." Und danach: „Ich bin jetzt in (und dann einen beliebigen anderen Ort sagen)". Dito.

Dieses „Lügendetektor-Spiel" kannst du auch gerne ausbauen, und auch hier ist es egal, ob du es laut sagst oder nur leise denkst, oder ob dein „Tester", also der, der dein Handgelenk drückt, es laut sagt oder nur denkt.

Und noch ein Hinweis zum Armtest:

Wenn es dir um wirklich wichtige Dinge geht, z. B. um die Ursache einer Krankheit oder um einen tiefen Konflikt in deinem Berufsleben oder in deiner Partnerschaft, solltest du dir einen gut ausgebildeten, erfahrenen Therapeuten suchen, sehr wählerisch sein und auf dein Herz und auf deinen Verstand hören.

Der Therapeut muss nämlich in der Lage sein, sich leer zu machen. Wenn er das nicht kann, ist die Gefahr, dass das Testergebnis falsch ist, gegeben. Gedanken, Wunschvorstellungen, Ängste und Machtgelüste können den Test beeinflussen. Deshalb funktioniert der Armtest auch manchmal nicht zwischen Menschen, die sich sehr nahe stehen, wenn zwischen ihnen – meist unbewusst – eine sogenannte „verdeckte Tagesordnung" läuft.

Welche Macht Gedanken haben, zeigt diese Studie von R. Wilkinson: „Effective Clinical Use of the Placebo Effect", 30th Advanced Annual Meeting American Academy of Environmental Medicine, Südgellersen, 1995:

„Selbst Mäuse reagierten auf harmlosen Süßstoff mit dem Wachstum von Krebsgeschwülsten:

1. entweder wenn sie vorher ein- oder mehrmals gleichzeitig den gleichen Süßstoff und ein krebserregendes Mittel zu sich nahmen
2. oder wenn der Untersucher glaubte, dass er den Mäusen ein krebserregendes Mittel gab (obwohl es nur Süßstoff war).

Glaubte der Untersucher, dass er den Mäusen nur Süßstoff gab, obwohl es ein krebserregendes Mittel war, entwickelten sie keine Tumoren! Dies zeigt uns, wie sehr die Einstellung des Therapeuten an dem Erfolg oder Misserfolg einer Behandlung beteiligt sein kann.[43]"

---

[43] Dr. med. Dietrich Klinghardt „Lehrbuch der Psychokinesiologie", Hermann Bauer Verlag, 1999

Nikita Jurjewitsch Trubetzkoi (1699 – 1767)
Generalfeldmarschall
Präsident des Militärkollegiums
Generalstaatsanwalt des Senats

Aus: „PERSÖNLICHE AUFZEICHNUNGEN DES FÜRSTEN N. T. NACH DER RÜCKKEHR AUS DEUTSCHLAND IM JAHRE 1717"

Unter dieser Überschrift veröffentlichen wir das eigenhändig geschriebene Tagebuch des Generalfeldmarschalls, des Generalstaatsanwaltes und des Ordentlichen Geheimberaters Fürsten Nikita Jurjewitsch Trubetzkoi, geboren am 26. Mai 1699, verstorben am 16. Oktober 1767, einem der Günstlinge Peter I. und zu damaliger Zeit überdurchschnittlich und geistig begabten Menschen, Freund des Satirikers Fürst Kantemir. Im Verlauf von acht Regentschaften schaffte es Fürst Nikita, in der Elite der würdevollsten und bekanntesten staatlichen Männer seinen Posten zu behalten. Viele Köpfe aus der Reihe der Begnadeten und Begünstigten hat er fallen sehen. Er war oft selbst an deren Untergang beteiligt, und sehr geschickt paßte er sich an die veränderten Situationen an. Es gelang ihm immer wieder, rechtzeitig die geschwächte Seite zu verlassen und sich der stärkeren anzuschließen. Als Zeitzeuge und Teilnehmer an vielen bedeutenden Ereignissen hätte Fürst N. J. Trubetzkoi viele wertvolle und interessante Fakten (Details) der Geschichte Rußlands des XVIII. Jahrhunderts übermitteln können, doch in seinem Notizbuch zog er es vor, nur kurz auf die großen Ereignisse seiner Zeit einzugehen, wenn diese Fakten seine Dienstkarriere und sein persönliches Leben betrafen. Trotz der Knappheit dieser Notizen sind sie für die Biographie dieser – auf jeden Fall hervorragenden Persönlichkeit des vergangenen Jahrhunderts – von größter Bedeutung. Dank dieser persönlichen Aufzeichnungen des Fürsten N. J. Trubetzkoi konnten einige wesentliche Fehler, die in einigen Biographien über ihn existierten, korrigiert werden. Darüber hinaus enthalten seine persönlichen Aufzeichnungen einige Angaben, durch welche man seine eigene Person genauer charakterisieren kann. In der kurzen Biographie des Fürsten N. J. Trubetzkoi von Herrn Bantysch-Kaminskij

(Biographien hervorragender Persönlichkeiten Rußlands, Ausgabe 1836, Band V, Seite 164 – 167) wird unter anderem in Art einer zweifelhaften Überlieferung angegeben, daß Zar Peter III. dem Fürsten Nikita Jurjewitsch nicht nur den Titel Generalfeldmarschall verliehen hat, sondern ihn auch gleichzeitig noch, wie behauptet wird, zum Oberst der Leibgarde des Preobrashenskij-Regiments ernannte. Dieser Titel wurde ihm jedoch von Jekaterina II. aberkannt. Laut der Überlieferung hat die Herrscherin nach ihrer Inthronisation dem Fürsten Trubetzkoi erklärt, daß sie „in seinem Regiment dienen möchte und davon überzeugt ist, daß er ihr die Befehls- gewalt über ihn überläßt".

Aus den vorliegenden persönlichen Aufzeichnungen Trubetzkois kann man somit entnehmen, daß die Ausführungen Bantysch-Kamenskijs dem In- halt nach der Wahrheit entsprechen.

Das Tagebuch ist ein aus acht Bänden zusammengefaßtes Werk. Es wur- de mit einer geraden deutlichen Schrift persönlich von Generalfeldmar- schall Fürst Trubetzkoi geschrieben.

3. Juni 1719
Habe mit dem Kanzler Graf Gawril Iwanowitsch Golowkin vereinbart, seine Tochter Nastassia Gawrilowna auf der Insel Kollin zu heiraten.

5.
Bin zum Dienst am Hofe des Herrschers, Zaren Peter des Großen, als Freiwilliger einberufen worden.

28. Januar 1722
Mit namentlichem Befehl wurde ich zum Sergeanten der Leibgarde des Preobrashenskij Regiments befördert, durfte jedoch am Hofe verbleiben.

16. April
Habe Nastassia Gawrilowna, die Tochter des Kanzlers, des Grafen Golowkin, in Moskau geheiratet.

21. August 1723
Um 4 1/4 nach Mitternacht ist mein 1. Sohn Fürst Alexander in St. Peters- burg geboren. Namensgebung wurde am 30. August des gleichen Monats

nach dem „Heiligen Vater Alexander Swirskoj" gegeben.
Taufpaten waren der Herrscher Zar Peter der Große und die Ehrenwerte
Prinzessin Anna Petrowna.

10. Mai 1724
Auf Grund des namentlichen Befehls bin ich zum Fähnrich des
Preobrashenskij Regiments in Moskau befördert worden, verblieb aber
weiterhin am Hofe.

4. August
Um 2 Uhr und 10 Minuten nachmittags ist mein Sohn Fürst Peter in St.
Petersburg geboren. Namensgebung wurde am 24. August des gleichen
Monats am Tage der „Überführung von Reliquien des Heiligen Metropo-
liten Peter" vorgenommen.
Taufpaten waren der Herrscher Zar Peter der Große und die Ehrenwerte
Prinzessin Anna Petrowna.

20. Juni 1725
Um 4 Uhr nach Mitternacht ist Sohn Fürst Iwan in St. Petersburg gebo-
ren. Namensgebung wurde im gleichen Monat am Tage der „Geburt des
Heiligen Vorboten Johannes" am 24. Juni gegeben.
Taufpaten waren: Herrscherin Zarin Jekaterina Alexejewna und mein
Schwiegervater, Graf Gawril Iwanowitsch Golowkin.

26. Oktober 1726
Um 9 Uhr nach Mitternacht ist Fürst Alexander (der Ältere) in St. Petersburg verstorben; beigesetzt in der Kirche „Samson der Wundersame".

24.November
Bin von Herrscherin Zarin Jekaterina Alexejewna zum Kammerdiener Ihrer
Hoheit am Hofe in St. Petersburg berufen worden. Werde im Preobra-
shenskij Regiment weiterhin als Fähnrich geführt.

24. August 1727
Bin zum Kammerdiener am Hofe des Herrschers Zar Peter II. im St.
Petersburger Dorf Ropscha des Grafen Gawril Iwanowitsch Golowkin
ernannt worden.

20. November

Der Herrscher Zar Peter II. vererbte mir in Moskau, auf den „Tschistyje Prudy" (Klare Seen) einen gegen Gebühren umgeschriebenen Hof des ausländischen Kaufmannes Pawel Westow.

10. März 1730

Durch die Herrscherin Zarin Anna Ioanowna bin ich zum Generalmajor und Leutnant des Korps der Kavalleriegarde in Moskau befördert worden.

8. Juni 1731

Bin nach Auflösung des Korps der Kavaliergarde durch Ihre Kaiserliche Majestät zum Oberst der Leibgarde des Preobrashenskij Regiments in Moskau befördert worden.

20.

Um 1 Uhr und 5 Minuten nachmittags ist Sohn Fürst Sergej in Moskau geboren. Namensgebung wurde am Tage der „Erlangung der Reliquien Unseres Heiligen Vaters und Wundertäters Sergej Radoneshskij" am 5. Juli vorgenommen.

Taufpaten waren die Herrscherin Zarin Anna Ioanowna und Gawril Iwanowitsch Golowkin.

28. Mai 1733

Um 1 1/4 Uhr nachmittags ist Sohn Fürst Alexander der Jüngere in Skt. Petersburg geboren. Namensgebung fand am Tage unseres „Rechtgläubigen Vaters Alexander Swirskoj" am 30. August statt.

Taufpaten waren: die Herrscherin Zarin Anna Ioanowna und Gawril Iwanowitsch Golowkin.

27. April 1735

Um 1 Uhr nach Mitternacht ist meine Gattin, Fürstin Nastassia Gawrilowna in meiner Abwesenheit in Moskau verstorben (ich war auf Grund des Befehls der Armee in der Ukraine, im Standort Perejaslawl).

Beisetzung in der Kirche des „Tschudov-Klosters" in Moskau.

10. November

Habe in der Ukraine, wo die vorstädtischen Regimenter (war dorthin abkommandiert) in der Stadt Isjum stationiert sind, wieder eine andere Frau geheiratet.

Eine Witwe, die Tochter des Fürsten Danila Andrejewitsch Drutzkow, verwitwete Anna Danilowna (diejenige, die vorher in dem Ehestand mit Major Matwej Andrejewitsch Cheraskow war).

2. November 1736

Um 7 1/4 Uhr nach Mitternacht ist Sohn Jurij in Malorossia in der Stadt Perejaslawl geboren. Namensgebung wurde am Tage des „Heiligen Märtyrers Georgij" am 23. April vorgenommen.

Taufpaten waren der Bischof aus Perejaslawl Seine Eminenz Arsenij (Berlo) und Boris Potkij, Feldmarschall Graf Münnich, meine Schwiegermutter Fürstin Awdotja Bogdanowna Drutzkaja, Prinz von Hessen-Homburg und meine Schwägerin Fürstin Darija Danilowna.

22. Januar 1737

Bin durch Herrscherin Zarin Anna Ioanowna in den Rang eines General-leutnants erhoben worden (war nicht anwesend, da ich nach Malorossia abkommandiert wurde und mich in der Stadt Perejaslawl befand).

20. August

Sohn Fürst Alexander der Jüngere (von meiner 1. Frau) ist in Perejaslawl gestorben (war nicht anwesend, da ich zu den Dnepr-Klippen abkommandiert war).

Er ist in Perejaslawl im Kathedralenkloster beigesetzt worden.

9. Oktober

Um 1 1/2 Uhr nach Mitternacht ist die Tochter Fürstin Anna im Saporoshjer Gebiet, in der Ortschaft Nishnij Kaidan, unweit der Dnepr-Klippen auf der Insel Kamensk (diese befindet sich 75 Werst von der Ukrainischen Grenzlinie auf dem Katschanow-Ufer) geboren. Namensgebung wurde am Tage der „Zeugung der Heiligen Anna" am 9. Dezember gegeben.

Taufpaten waren: Feldmarschall Graf Münnich und Fürstin Awdotja Iwanowna Borjatinskaja, Gattin des Fürsten Michail Michajlowitsch Borjatinskij, Oberst des Muromskij Infanterieregiments.

13. Januar 1738

Auf Namentlichen Befehl von Herrscherin Zarin Anna Ioanowna bin ich zum General des Kriegskommissariats berufen worden (damals war ich in der Kommandoverwaltung der Ukrainischen Grenzlinie und darüber hinaus standen unter meiner Befehlsgewalt alle Postlinien, die sogar bis zur „Saporoshskaja Setsch" und bis zur „Alexander-Schanze" gingen), ich war jedoch in Kitaj-Gorodok stationiert.

22.Oktober

Um 5 1/2 Uhr nach Mitternacht ist Sohn Fürst Nikolaj in der Stadt Lubnach in Malorossia geboren. Namensgebung wurde am Tage des „Täufers Nikolaj des Wundertätigen" am 6. Dezember vorgenommen.
Taufpaten waren: mein Schwiegervater Fürst Danila Andrejewitsch mit meiner Schwägerin Fürstin Darija Danilowna.

30. Oktober 1739

Um 6 3/4 nach Mitternacht ist Sohn Fürst Alexej in der Ortschaft Podol bei Kiew geboren. Namensgebung wurde nach dem Metropoliten „Heiliger Alexej" am 12. Februar vorgenommen. Taufpaten waren: Feldmarschall Graf Münnich mit meiner Schwägerin Fürstin Darija Danilowna.

11. Februar 1740

Um 9 1/4 nachmittags ist in Perejaslawl Sohn Fürst Nikolaj gestorben und in Perejaslawl im Kathedralenkloster neben der Kirche „Himmelfahrt Gottes" am 12. des gleichen Monats beigesetzt und in dem gleichen Grab mit dem Sohn Fürst Alexander eingebettet worden.

7. März

Laut des namentlichen Befehls bin ich von der Ukraine (aus Perejaslawl) nach St. Petersburg berufen worden und am 22. in St. Petersburg angekommen. Am 30. bin ich mit dem „Alexander-Newski-Orden" in St. Petersburg geehrt worden.

28.April

Bin in den Rang eines Geheimen Ordentlichen Beraters und Generalstaatsanwalts in St. Petersburg erhoben worden.

28. November

Bin von dem Beiratskabinett mit einer Instruktion nach Riga als Abgesandter in die Kommission für kurländische Angelegenheiten geschickt worden.

5. Dezember

Kam in Riga an.

31. Januar 1741

Um 5 Uhr und 55 Minuten nachmittags ist Sohn Fürst Nikolaj in Riga geboren. Namensgebung wurde am Tage der „Überführung der Reliquien des Täufers Nikolaj" am 9. Mai vorgenommen.
Taufpaten waren: Feldmarschall Graf Lessij und meine Schwägerin Elisawetta Danilowna.

13. Mai

Nach Erledigung der von der Kommission aufgetragenen Mission betreffs kurländischer Angelegenheiten bin ich aus Riga abgereist. Am 18. kam ich in St. Petersburg an.

6. April 1742

Um 8 Uhr nach Mitternacht ist Tochter Fürstin Maria in Moskau geboren. Namensgebung wurde nach der „Heiligen Maria von Ägypten" am 1. April vorgenommen.
Taufpaten: die Allergnädigste Herrscherin Zarin Elisawetta Petrowna und der Großfürst.

25.

Entsprechend der Höchsten und Allergnädigsten Erlaubnis Ihrer Hoheit bin ich während der Krönungsfeierlichkeiten Ihrer Hoheit zum Obersten Marschall ernannt worden.
Mir wurde die Kavallerie des „Heiligen Apostels Andrej" in Moskau anvertraut.

27. Oktober

Am frühen Morgen um 5 Uhr nach Mitternacht ist Tochter Fürstin Maria und am 28. abends um 8 Uhr Sohn Fürst Nikolaj verstorben. Beide wurden in der Unteren Kirche des „Zaren Grusinskij" (gegenüber von „Ochotnyj Rjad") neben der Säule, auf der die Ikone der „Heiligen Mutter Gottes Allen Leidenden" angebracht ist, beigesetzt.

17. Mai 1743
Um 8 Uhr nach Mitternacht ist Tochter Fürstin Elena in Skt. Petersburg geboren. Namensgebung wurde am 21. Mai zum Tage des „Heiligen Zaren Konstantin und Zarin Elena" vorgenommen.
Taufpaten waren Ihre Erlauchte Hoheit mit dem Großfürsten.

7. Juli 1744
In Moskau, in dem Haus der Schwester Fürstin Marja Jurjewna, das unweit vom Golowinskij Schloß steht, ist die Tochter Fürstin Elena gestorben. Sie ist in dem Konzil des „Andronjewskij Kloster" beigesetzt worden.

15.
Bei den Feierlichkeiten in Moskau schenkte mir die Allgütige Herrscherin Zarin mehrere Dörfer von insgesamt 50 Hektar Land in Livland sowie das Gehöft „Zigijarwi-Kirka" im Landkreis Kegskolm.

6. November
9 3/4 Uhr nachmittags ist Sohn Fürst Nikolaj in Moskau geboren. Namensgebung wurde nach dem „Täufer Nikolaj, der Wundertäter von Lykien" am 6. Dezember vorgenommen.

27. Dezember 1745
Um 8 Uhr nachmittags ist die Tochter Fürstin Elena in Skt. Petersburg geboren. Namensgebung wurde nach dem „Heiligen Zaren Konstantin und Zarin Elena" am 21. Mai vorgenommen.
Taufpaten waren die Allergnädigste und Erlauchte Herrscherin Zarin und der Großfürst.

12. November 1746
Sohn Fürst Peter heiratet in Moskau Fürstin Natalia, die Tochter des Fürsten Wassilij Petrowitsch Chowanskij. Ich war in St. Petersburg.

14. April 1747

Um 12 Uhr nachmittags ist Tochter Fürstin Katerina in St. Petersburg geboren. Die Namensgebung wurde nach der „Großmärtyrerin Jekaterina" am 24. November vorgenommen.

Die Taufpaten waren mein Sohn Fürst Jurij und die Tochter Fürstin Anna.

25. Februar 1749

Um 6 Uhr und 40 Minuten nach Mitternacht ist Sohn Alexander in Moskau geboren. Die Namensgebung wurde nach dem „Märtyrer Alexander, Heiliger Papst zu Rom" am 16. März vorgenommen.

Taufpaten waren mein Sohn Fürst Jurij und die Tochter Fürstin Anna.

20. November

Um 5 1/2 Uhr verstarb Sohn Fürst Alexander und er wurde beigesetzt am 21. in der Unteren Kirche, die am Hofe des „Zaren Grusinskij" steht, in der gleichen Kirche, eingereiht mit zwei meiner anderen Kinder, die schon 1742 beigesetzt wurden.

8. Juni 1751

Um 4 Uhr und 10 Minuten nach Mitternacht ist Sohn Fürst Alexander in Skt. Petersburg geboren. Namensgebung wurde nach dem „Heiligen Märtyrer Alexander" (laut dem Kiewer Kirchenkalender) am 10. des gleichen Monats Juni vorgenommen.

Taufpaten waren der Sohn Fürst Jurij und die Tochter Fürstin Anna.

15. Dezember 1752

Um 9 Uhr und 45 Minuten nachmittags ist der Sohn Fürst Wassilij in Moskau geboren. Die Namensgebung wurde am 1. Januar am Tage unseres „Heiligen Vater Wassilij der Große, Erzbischof Cessarij Kappadokijskij" vorgenommen.

Taufpaten waren der Sohn Fürst Nikolaj und die Tochter Fürstin Anna.

Ich war bei Ihrer Erlauchten Hoheit in St. Petersburg und kam mit ihr, der Herrscherin, am gleichen Tag, am 19. Dezember, nach Moskau.

20. September 1753.

Habe meinen Sohn Fürst Sergej mit der Tochter Anna von Iwan Petrowitsch Ladyshenskij verheiratet.

16. Februar 1754

Ihre Erlauchte Hoheit hat mir gnädigst mit von Ihrer Majestät erlassenem höchstem Befehl einen mit einem großen Brillanten besetzten Fingerring in Moskau geschenkt sowie eine goldene Tabakdose, reichlich mit Brillanten bestückt (für die Tätigkeit beim Neuaufbau der Nachtgemächer Ihrer Majestät, die ich gemeinsam mit Graf Peter Iwanowitsch Schuwalow ausführte, die Nachtgemächer waren am 1. November des vorigen Jahres 1753 im Golowinskij Schloß abgebrannt). In dieses wiederaufgebaute Schloß geruhte Ihre Hoheit noch am 18. Dezember des gleichen Jahres einzuziehen. Es wurde in 48 Tagen wieder aufgebaut.

5. September 1756

Bin zum Generalfeldmarschall in St. Petersburg ernannt worden.
Damals war ich 56 Jahre, 3 Monate und 10 Tage alt gewesen.

26. Januar 1757

Habe meinen Sohn Fürst Jurij mit der Tochter Anna von Peter Iwanowitsch Saltykow verheiratet. Die Hochzeit wurde in Moskau ausgerichtet, ich war damals mit meiner Gattin in St. Petersburg.

16. Februar 1758

Die Schwiegertochter Fürstin Anna Petrowna ist in Moskau verstorben.

1. Mai 1759

Sohn Fürst Alexander ist in St. Petersburg verstorben. Er war 20 Jahre alt und diente als Obermaat bei der Flotte, er ist am 4. im Newski-Kloster am Fußende meines Vaters beigesetzt worden.

15. Mai 1759

Habe meine Tochter Fürstin Anna mit Alexander Iwanowitsch Naryschkin in St. Petersburg verlobt. Er war damals Kammerdiener beim Großfürsten.

7. April 1760

Habe meine Tochter Fürstin Anna mit Alexander Iwanowitsch Naryschkin verheiratet. Die Hochzeit fand in St. Petersburg im Schloß in Anwesenheit der Allgütigen Herrscherin Ihrer Erlauchten Hoheit statt.

Am gleichen Tag mit höchster Erlaubnis ihrer Allgütigen Herrscherin habe ich meinen Sohn Fürst Jurij (aus der 2. Ehe) mit Darja Alexandrowna, der Tochter des verblichenen Generals Alexander Iwanowitsch Rumjanzew, in St. Petersburg verloben lassen.

21. Mai
Habe meinen Sohn Fürst Jurij mit Darja Alexandrowna in St. Petersburg verheiratet.

16. August
Bin zum Senator und zum Präsidenten des Militärkollegiums berufen worden.

27. Dezember 1761
Mit der Krönung des Herrschers Zar Peter III. bin ich von Seiner Erlauchten Hoheit zum Oberstleutnant im Preobrashenskij Regiment in St. Petersburg ernannt worden.

9. Juni 1762
(Beim feierlichen Friedensabkommen mit Preußen hat Seine Erlauchte Hoheit mich zum Oberst der Leibgarde des Preobrashenskij Regiments erhoben.)*

* die Zeilen in Klammern sind im Original gestrichen.

5. Februar 1762
Durch allerhöchste Gnade Ihrer Kaiserlichen Majestät bin ich ernannt worden zum Hauptverantwortlichen der Zeremonienverwaltung, die zum Göttlichen Andenken der Entschlafenen Erlauchten Hoheit Jelisaweta Petrowna während der Beisetzung ihres Leichnams in St. Petersburg geschaffen wurde.

22. September 1762
Mit gnädigster Erlaubnis Ihrer Kaiserlichen Majestät, der Erhabensten Herrscherin Zarin Jekaterina II., wurde ich bei der glücklich und ruhig verlaufenden Krönungsfeier Ihrer Hoheit in Moskau zum Obersten Marschall ernannt.

Um alles Nötige für die Feierlichkeiten zu veranlassen, bin ich am 9. Juli aus St. Petersburg nach Moskau abgereist, wo ich auch am 15. angekommen bin.

9. Juni 1763

Ihre Allergnädigste Kaiserliche Majestät hat meinem alluntertänigsten Gesuch entsprochen und durch ihre Gnade hat sie mich sowohl von militärischen als auch bürgerlichen Diensten für ewig und immer entlassen. Bis zu meinem Tod werden mir die Zahlungen, entsprechend meinem mir zustehenden Rang und meiner Würde, im vollen Gehalt weitergezahlt und mir wurde eine weitere Abfindung über fünfzigtausend Rubel zugesprochen. Für den Fall, dass ich in andere Residenzen reisen will, wird mir eine beispiellose gebührende Wache zur Verfügung gestellt.

Aus: ALEXANDRE DUMAS „REISE DURCH RUßLAND"

Damals lebte am russischen Hofe ein alter deutscher General, der hart gegen sich und andere war. Er hatte mit dem Prinzen Eugen, der ihn seinen Lieblingsschüler nannte, im Spanischen Erbfolgekrieg gekämpft. Dann war er in die Dienste Peters des Großen übergetreten, der ihn mit der Fertigstellung des Ladoga-Kanals betraut hatte. Nach dem Tode Peters II. hatte Anna Ioanowna die Ehren zwischen ihm und dem Vizekanzler Ostermann geteilt. Dieser geniale Mann war von unten gekommen und sollte dereinst das Schafott besteigen, aber von dort aus zur Verbannung begnadigt werden.

Anna Ioanowna hatte jenen alten deutschen General zum Feldmarschall und persönlichen Ratgeber erhoben. Er hieß Christoph Burkhardt Graf von Münnich. Unter diesem Titel hatte er die Polen und die Türken bekämpft und Perekop, Otschakow und Chotin erobert.

Biron, der seinen Einfluß fürchtete, schickte ihn auf weit entlegene Kriegsschauplätze, während er in Ruhe regierte. Jeder erhielt seinen Teil: Münnich den Ruhm, der Günstling den Haß.

In einem dieser durch Birons Furcht veranlaßten Kriege verlor das Reich hunderttausend Menschen. Es war ein unglücklicher Krieg, aber im Unglück wuchs Münnich womöglich noch. Stets an der Spitze seiner Truppen, hielt er auf den schwierigsten Märschen die Disziplin durch eine furchtbare Gerechtigkeit aufrecht.

Hohe Offiziere hatten, von Müdigkeit überwältigt, eine Rast länger ausgedehnt, als es der unermüdliche Münnich erlaubte. Sie wurden an Kanonen gebunden und mußten diese während langer Märsche ziehen, konnten sie nicht mehr, so wurden sie selbst gezogen. Soldaten, die die Sandwüsten zwischen den beiden Reichen fürchteten, stellten sich krank, um nicht weitergehen zu müssen. Münnich gab einen Tagesbefehl aus, in dem er Krankheiten untersagte, wer zuwiderhandelte, würde lebendig begraben werden. Drei Soldaten hatten sich krank gestellt und waren dieses Verbrechens überführt worden. Man begrub sie vor der Armee, die über sie hinwegmarschieren mußte und mit den Füßen auf das Grab trat, in dem sie vielleicht noch atmeten. Von da an waren alle gesund.

Bei der Belagerung von Otschakow hatte eine Bombe in der Stadt einen

Brand entfacht, den die Einwohner nicht löschen konnten. Münnich nutzte diesen Vorfall und gab Befehl zur Erstürmung der Stadt. Die Feuersbrunst breitete sich bis zu dem Wall aus, der erstiegen werden sollte. Man hatte also nicht nur gegen den Feind, sondern auch gegen die Flammen zu kämpfen. Die Russen wichen zurück. Münnich ließ eine Batterie Kanonen hinter ihnen aufstellen und auf sie richten, so daß ihnen nur der Ausweg über die Wälle übrigblieb. Drei Pulvermagazine flogen in die Luft und überschütteten Belagerte und Belagerer mit Trümmern, aber bei der Wahl zwischen zwei Todesarten entschieden sich die Russen für die weniger gewisse. Die Stadt wurde genommen. Jeder andere als Münnich wäre daran gescheitert. Auf Grund seiner Siege war er zum Ersten Minister ernannt worden.

Elisabeth verkörperte, wie schon gesagt, die alte russische Partei. Das erste, was diese Partei von der Kaiserin verlangte, war die Vertreibung der Fremden. Diese Fremden waren auf den Gebieten des Unterrichtswesens, der Wissenschaften, der Künste und des Krieges tätig.
Münnich, einer der größten Generäle, und Ostermann, einer der größten Staatsmänner der Zeit, wurden von Gericht gestellt und zum Tode durch Vierteilen verurteilt. Am 18. Februar 1742 führte man die Verurteilten – Ostermann, Münnich, Golowkin, Mengden und Löwenwolde – zum Schafott; die drei letzten sollten nur enthauptet werden.
Sie erreichten den Richtplatz um zehn Uhr morgens. Alle hatten sich den Bart abnehmen lassen, nur Münnich war wie gewöhnlich gepudert und rasiert. Während des ganzen Prozesses hatte er nicht die geringste Furcht gezeigt, und auf dem Weg von der Zitadelle zum Schafott scherzte er mit den Wachen... Für Münnich und die anderen Verurteilten wurde die Todesstrafe in lebenslängliche Verbannung verwandelt. Münnich wurde nach Pelim in Sibirien geschickt und mußte in demselben Haus wohnen, das für Biron nach seinen Plänen errichtet worden war.

Peter III. rief... sämtliche Verbannten aus Sibirien zurück. Drei Männer tauchten damals wieder auf, die einst eine große Rolle gespielt hatten. Der erste war Biron, jetzt ein Greis von fünfundsiebzig Jahren... Der zweite war Münnich, derselbe, der Biron gestürzt hatte, um den kleinen Iwan auf den Thron zu setzen. Dieser war erst drei Monate alt, und er hatte den

Thron so kurze Zeit inne, daß es von seinen Zeitgenossen kaum bemerkt und in der Geschichte kaum verzeichnet wurde, und doch mußte er mit dreiundzwanzigjähriger Gefangenschaft, zehnjähriger Verblödung und einem schrecklichen Tod dafür bezahlen.

Münnich hatte, wie man sich erinnert, nach seinem Sturz gelassen das Schafott bestiegen, auf dem er geviertteilt werden sollte, und seine Begnadigung mit demselben Gesichtsausdruck entgegengenommen, mit dem er den Tod erwartet hatte. Während seiner Verbannung nach Sibirien mußte er in einem in unwegsamen und verpesteten Sümpfen verlorenen Haus wohnen, wo er die verseuchte Luft genauso überstanden hatte wie das Schafott und aus seinem Kerker heraus die Gouverneure der benachbarten Gebiete in Furcht und Schrecken versetzt hatte. Er kam... zurück, ein prächtiger Greis mit einem Bart und Haaren, die seit dem Tage seiner Verbannung von keinem Rasiermesser und keiner Schere berührt worden waren. Am Tor von Sankt Petersburg fand er dreiunddreißig seiner Nachkommen versammelt, die auf ihn warteten. Bei ihrem Anblick brach der Mann, dessen Augen bei den furchtbarsten Erschütterungen trocken geblieben waren, in Tränen aus.

Plötzlich glaubte Peter III. Freudenrufe zu hören. Er eilte zur Tür. Man führte ihm den alten Münnich zu, der, in Sibirien von ihm begnadigt, von einem Gefühl der Dankbarkeit oder vielleicht von einer Regung des Ehrgeizes getrieben, zu ihm stieß. Diese Hilfe kam so unverhofft, daß sich der Kaiser dem alten Feldhauptmann in die Arme warf und ihn anflehte: „Retten Sie mich, Münnich, ich verlasse mich einzig auf Sie!"

Aber Münnich war kein Enthusiast. Er betrachtete die Lage nüchtern und ließ auf die Hoffnung des Kaisers den Schnee seiner weißen Haare fallen: „Majestät", sagte er, „in einigen Stunden wird die Kaiserin mit zwanzigtausend Mann und einer furchtbaren Artillerie hier sein. Weder Peterhof noch Oranienbaum lassen sich halten. Jeder Widerstand würde bei der Begeisterung der Soldaten nur zur Niedermetzelung Eurer Majestät und Eures Hofstaates führen."

Währenddessen empfing die Kaiserin in ihrem Staatszimmer und stellte einen neuen Hofstaat zusammen. Alles, was drei Tage zuvor Peter III. umgeben hatte, umgab jetzt sie... In diesem Augenblick trat Münnich ein.

„Bei Gott, gnädigste Frau", sagte er, „ich habe lange gebraucht, um herauszufinden, wer von Ihnen beiden der Mann sei, Ihr oder Peter III. Da jetzt kein Zweifel mehr darüber besteht, komme ich zu Euch."

„Sie haben gegen mich kämpfcn wollen, Münnich", sagte die Kaiserin zu ihm.

„Ja, gnädigste Frau", antwortete er, „ich gestehe es Euch offen, aber jetzt ist es meine Pflicht, für und nicht gegen Euch zu kämpfen."

„Sie sprechen ja gar nicht von den Ratschlägen, Münnich, die Sie mir auf Grund der Kenntnisse erteilen können, die Sie in langen Jahren auf den Schlachtfeldern und im Exil erworben haben."

„Da Euch mein Leben gehört, gnädigste Frau", antwortete Münnich, „gehören Euch auch alle Kenntnisse, die ich im Laufe dieses Lebens erworben habe."

Aus: „GESCHICHTE DER PRINZEN TRUBETZKOI"
(Französisches Journal von 1887)[44]

Die Rückkehr Birons und die Tyrannei, die er ausübte, zeigten den russischen Edelleuten sehr schnell, daß sie eine gute Gelegenheit verpaßt hatten, ihre eigene Unabhängigkeit und die Freiheit der Nation zu sichern. Die Deutschen triumphierten.

Fürst Nikita Jurjewitsch hatte genug Gespür, den Schauplatz der Intrigen zu verlassen... Er kehrte zur Armee zurück und widmete sich während der ersten Hälfte der Regierung Kaiserin Annas voll und ganz seiner militärischen Laufbahn.

„Wir sind froh, diesem Hof den Rücken kehren zu können und teilzuhaben am Feldlagerleben und der glänzenden Heeresführung des Marschall Münnichs während des polnischen Thronfolgekrieges und des Feldzuges in der Türkei."

Trubetzkoi hatte die Aufgabe, für den Lebensmittelnachschub zu sorgen. Manstein beschuldigt ihn der unzureichenden Versorgung...

Der Vertrag von Wien wurde am 18. November 1738 unterzeichnet und beendete diesen Nachfolgekrieg benannten Feldzug, in dem die russischen Fahnen auf allen Schlachtfeldern triumphierten.

Marschall Münnich kehrte im Laufe des Jahres, begleitet von einem großen Generalstab, nach Sankt Petersburg zurück, um die Früchte seines Sieges zu ernten, und er fand bei der Kaiserin dankbare Aufnahme.

Fürst Trubetzkoi, der die besondere Gunst des Marschalls genoß, welcher, wie man sagte, unsterblich in die Gemahlin Trubetzkois, die Fürstin Anna, verliebt war, wurde zum Chef des Kriegsministeriums ernannt.

Biron, noch immer allmächtig, sah die Rückkehr Münnichs mit Mißtrauen. Er fürchtete den Einfluß einer Partei, die sich mit dem Lorbeer des Sieges schmücken konnte, und er beschloß, sie zu schwächen und zu entzweien.

Fürst Trubetzkoi wurde von dem mächtigen Günstling überraschend zum Generalgouverneur im fernen Sibirien ernannt. Diese erste Attacke gegen die Partei der Armee gelang dem Herzog von Kurland indessen nicht.

---

[44] „Les Princes Troubetzkoi", Paris, Ernest Leroux, Editeur, Rue Bonaparte 28, 1887

LES PRINCES

TROUBETZKOÏ

PARIS

ERNEST LEROUX, ÉDITEUR

28, RUE BONAPARTE, 28

—

1887

Die Kaiserin, der schönen Fürstin Trubetzkaja noch immer sehr gewogen, gab den Einwänden Münnichs nach, und widerrief die Ernennung. Und sie berief den glänzenden Generalleutnant und seine Familie endgültig in die Hauptstadt, indem sie den Fürsten Nikita Jurjewitsch mit dem wichtigen Amt des Generalstaatsanwaltes des Reiches bekleidete.

LITERATURHINWEISE

Kinesiologie

Dr. med. Dietrich Klinghardt „Lehrbuch der Psychokinesiologie"
Hermann Bauer Verlag, 1999

Dr. John Diamond „Die heilende Kraft der Emotionen"
VAK, 1995

Familienstellen

Bert Hellinger „Zweierlei Glück"
Goldmann-Verlag, 2002

Bert Hellinger „Die Mitte fühlt sich leicht an"
Kösel, München, 1996

Bertold Ulsamer „Ohne Wurzeln keine Flügel"
Goldmann-Verlag, 1999

Bertold Ulsamer „Das Handwerk des Familienstellens"
Goldmann-Verlag, 2001

Gunthard Weber „Praxis des Familienstellens"
Carl-Auer-Systeme, Heidelberg, 1998

Reiki

Walter Lübeck, Frank Arjava Petter „Reiki die schönsten Techniken"
Windpferd-Verlag, 2002

Walter Lübeck „Das Reiki-Handbuch"
Windpferd-Verlag, 1993

Walter Lübeck „Rainbow-Reiki"
Windpferd-Verlag, 2002

Walter Lübeck, Frank Arjava Petter, William Lee Rand „Das Reiki Kompendium"
Windpferd-Verlag, 2002

I Ging

Carol K. Anthony „Handbuch zum klassischen I Ging"
Diederichs, 1998

R. L. Wing „Das Arbeitsbuch zum I Ging"
Heyne, 1980

„I Ging" (Hg. v. Richard Wilhelm)
Diederichs, 1996

TaiChi und QiGong

Al Huang „Lebensschwung durch TaiChi"
O. W. Barth-Verlag, 1994

Linda Myoki Lehrhaupt „Stille in Bewegung"
Theseus, 2001

Wolfe Lowenthal „Es gibt keine Geheimnisse"
Kolibri, 1995

Cheng Man-Ch'ing „Ausgewählte Schriften zu Tai Chi Chuan"
Sphinx Medien Verlag, Basel, 1986

Bei VEGA e. K. zu bestellen:

ISBN-Nr.	Autor/Titel	Preis (Euro)
3-9808339-1-7	W. Lermontow, Bd.1 „Ein immerwährendes Fest"	12,00
3-9808339-6-8	W. Lermontow, Bd.2 „Delphania"	14,90
3-9808339-8-4	**W. Lermontow, Kompaktangebot Bd.1 + Bd.2**	**22,00**
3-9808919-4-1	W. Lermontow, Bd.3 „Die Kraft des jubelnden Herzens"	12,00
ohne ISBN	V. Lermontov, Bd.1 „Holiday forever", Englisch	12,00
3-906347-65-6	W. Megre, Bd.1 „Anastasia-Tochter d. Taiga", Govinda-Vlg.	16,00
3-9806724-1-7	W. Megre, Bd.2 „Die klingenden Zedern Russlands"	14,90
3-9806724-2-5	W. Megre, Bd.3 „Raum der Liebe"	14,90
3-9806724-3-3	W. Megre, Bd.4 „Schöpfung"	14,90
3-9806724-6-8	W. Megre, Bd.5 „Wer sind wir?"	14,90
5-8174-0265-3	W. Megre, Bd.1 „Anastasiya", Englisch, Dilya Publishing	10,00
3-9806724-4-1	W. Megre, Bd.1 „Anastassia", Französisch	14,90
3-9806724-7-6	J. Awerbuch „Mein Beruf ist Heiler"	15,00
3-9806724-5-X	A. Lewschinow „Das Salz des Lebens"	12,90
3-9808339-5-X	A. Swijasch „Was tun, wenn alles anders ist..."	13,00
3-9808339-7-6	**Werke von den russischen Heilern, Kompaktangebot**	**33,00**
3-9808339-5-X	A. Sojnikow „Betrachtungen über 'die Rose der Welt'..."	5,00
eine CD	A. Sojnikow „Die Rose der Welt", musik. Mysterium	15,50
3-9808339-9-2	**A. Sojnikow „Die Rose der Welt", Kompaktangebot**	**18,90**
3-9808919-1-7	A. Rassochin „Königin der Taiga"	12,00
3-9808919-0-9	Wassilissa „Ich liebe dich, mein Talisman..."	5,00
3-9806724-9-2	E. Braunroth „Heute schon eine Schnecke geküsst?"	14,90
3-9808339-3-3	W. Ophoven „... und Katja lebt!"	11,00
3-9808339-4-1	C. Kähn u. A. Wieser „Ich bin der ich bin"	12,00
ohne ISBN	J. Vogler „Anna und die sieben Strahlen"	12,80
3-9808919-3-3	A. Markov „Hier stand mein Haus..."	5,00
3-9808339-0-9	Hrgb. A. Markow „Die ewige Frische des Lebens", zweisprachig	7,00
3-9808919-2-5	A. Krutikow „Arsal"	14,90

aus anderen Verlagen:

3-89978-026-4	T. Kuschtewskaja „Meine sibirische Flickendecke"	19,80
3-9807507-0-1	E. Muldashev „Das dritte Auge und der Ursprung der Menschheit"	17,85

unsere Neuerscheinungen:

Sibila. Ein Leben in Natur und Freiheit (Präsentation: Rainbow Spirit 2005)

Daniil Andrejew. ROSA MIRA (Präsentation: Frankfurter Buchmesse 2005)

Vega e. K.
Neufelder Str. 1
D-67468 Frankeneck

Tel.: +49 (06325) 184 03 00
+49 (06325) 184 03 01 (AB)
Fax: +49 (06325) 98 09 97

www.vega-ek.de
vega@vega-ek.de